Editorial Ledoria

Desaforado amor por la palabra

CUATRO CALLES
Revista toledana de cultura para nuevos tiempos

N° 32. PRIMER TRIMESTRE DE 2025

DIRECTOR Jesús Muñoz Romero
COLABORADORES
Antonio López Ballesteros
José Luis Isabel
Juan Carlos Pantoja
Luis Rodríguez Bausá
Mariano Muñoz Romero
Miguel Larriba
Santiago Sastre

Ilustración de portada: *Cruz toledana* (2025), de Ventura Leblic
Ilustración de contraportada: *Toledo, ciudad de los prodigios* (2025), de Seruivo Cuticle Caticura
Diseño y maquetación:
Equipo de editorial Ledoria

I.S.B.N.: 978-84-19887-57-3
Depósito Legal: TO-78-2025

© De la edición: Editorial LEDORIA
* C/ Fuente del Moro, n. 6, Toledo
* C/ Conde de Casal, núm. 47
Las Ventas con Peña Aguilera (Toledo)
Teléfono: 925 25 13 81
Correo electrónico de contacto:
info@editorial-ledoria.com

Publicidad:
admin@editorial-ledoria.com
www.editorial-ledoria.com

SUMARIO

Marzo 2025

«*Fuimos a Toledo, no como frívolos curiosos, sino cual apasionados. Nos atraían los monumentos religiosos. Y acaso lo que más nos apasionaba era un arte eminentemente español, que en las catedrales, sobre todo en las grandes catedrales, como la de Toledo, alcanza manifestación espléndida*».

Azorín.
Madrid (1941).

Dos sabios clérigos portugueses confinados en Toledo

MIGUEL LARRIBA

Con un intervalo aproximado de siglo y medio, Toledo fue obligado retiro, hasta el final de sus días, para dos auténticos sabios de origen portugués, religiosos ambos e igualmente los dos víctimas de la intolerancia y la persecución. De ellos no queda hoy vestigio alguno en la ciudad, a pesar de que, por algún tiempo, aquí estuvieron sus tumbas con las inscripciones que pretendían perpetuarles en el recuerdo.

El primero de estos personajes que hoy tratamos de recuperar del olvido está considerado, nada menos, que el más importante autor espiritual portugués del siglo XVI. Se trata de fray Héctor Pinto, quien nació en la localidad de Covilha, en el centro de la sierra de la Estrella, en la mitad norte del país vecino, hacia 1528. Aunque se sabe poco de sus primeros años, consta que recibió una esmerada educación, estu

dió latín y se dedicó algunos años al derecho civil en Coimbra y Salamanca. En 1543 ingresó en el monasterio de Santa María de Belem, de Lisboa, perteneciente a la orden de los jerónimos, donde sobresalió por sus estudios en las lenguas griega y hebrea, así como en el conocimiento de la filosofía, teología y sagradas escrituras, entre otras materias. Se sabe también que de 1559 y 1561 residió en Roma, donde sus superiores le enviaron para resolver ciertos asuntos legales que la comunidad tenía pendientes, circunstancia que le permitió adquirir nuevos y más profundos conocimientos para su formación. De regreso al monasterio comenzó a escribir su obra *Imagem da vida cristam* (*Imagen de la vida cristiana*), publicada en 1563, la cual obtuvo un éxito espectacular y le consagró como autor de enorme influencia y talla intelectual.

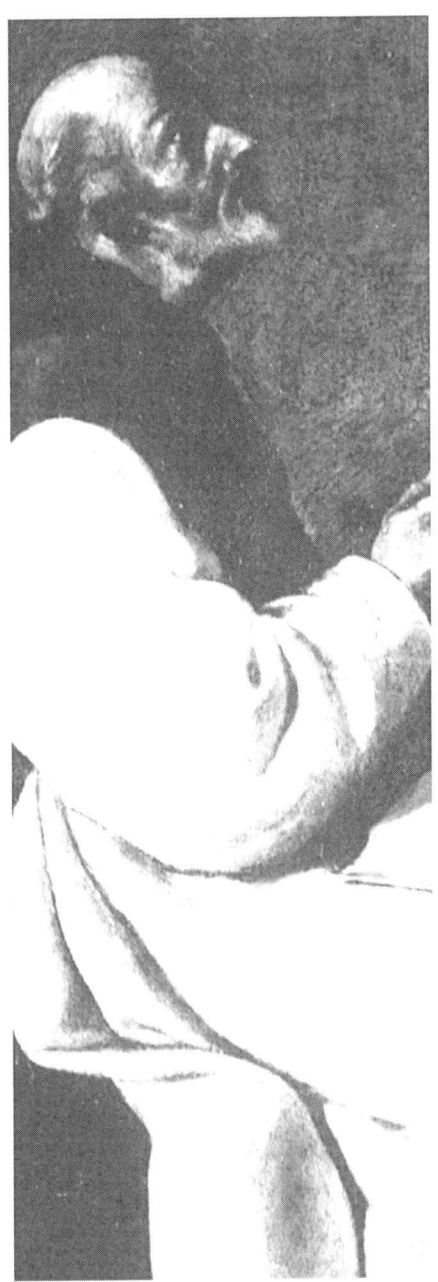

Fraile jerónimo, recreación de fray Héctor Pinto, y el padre Bartolomeu
Lourenço de Gusmão, según un cuadro de 1902, pintado por

En 1868, fray Héctor Pinto se desplazó a Salamanca, aparentemente con el propósito de publicar allí otra obra que aumentaría su fama como autor religioso: *Ezechielem Prophetam commentaria* (*Comentarios al profeta Ezequiel*). El libro, efectivamente, apareció ese mismo año en el taller de Juan de Cánova, uno de los mejores impresores de la época.

Pero la presencia del clérigo portugués en la ciudad española tenía otra motivación bien diferente que muy pronto se iba a desvelar: su interés por ocupar una cátedra en la universidad salmantina, proyecto en el que habría de encontrar como su más firme opositor a uno de los más destacados poetas, intelectuales y humanistas del Renacimiento español: el agustino fray Luis de León.

Para dibujar convenientemente el marco de situación, diremos que la cátedra de Sagrada Escritura, o de Biblia, a la que pretendía optar el portugués, había quedado vacante en 1560 por jubilación de su titular. No obstante, era costumbre que las cátedras universitarias continuaran adscritas a sus propietarios hasta el fallecimiento de éstos, si bien las plazas eran cubiertas, interinamente, y por periodos de cuatro años, por el sistema de oposición. Así pues, el año en que fray Héctor Pinto apareció por Salamanca correspondía llevar a cabo la selección de un nuevo interino y él no dudó en postularse para la plaza.

Desde la jubilación del catedrático titular, ésta había sido ocupada, durante dos periodos sucesivos, por el teólogo vallisoletano Gaspar Grajal, quien pretendía continuar manteniendo su puesto. No obstante, la circunstancia de proceder de una familia de judíos conversos, unida a ciertas controversias que había mantenido sobre la interpretación de los textos sagrados, le había colocado en una posición incómoda y los frailes jerónimos (orden a la que pertenecía Pinto) del convento de la Victoria, de Salamanca, interpusieron contra él una denuncia ante la Inquisición, lo que, con el tiempo, determinaría su ingreso en prisión, donde falleció antes de que se diera por concluido el proceso abierto contra él.

En el momento, pues, de optar a la renovación de la cátedra, sobre su persona gravitaban suficientes sospechas como para no colocarle entre los candidatos más idóneos y, por consiguiente, su sustitución por el prestigioso fraile portugués parecía una op-

El año que fray Héctor Pinto apareció por Salamanca correspondía llevar a cabo la selección de un nuevo interino y él no dudó en postularse para la plaza.

ción que contaba con todas las posibilidades de éxito. Hay que tener en cuenta que, aparte de su indudable talla intelectual y del apoyo de la influyente orden jerónima, fray Héctor Pinto había visto incrementar su fama durante la estancia en la ciudad castellana por haber predicado allí varios sermones que fueron acogidos con gran entusiasmo por los estudiantes universitarios, entre los que había un gran número de portugueses, pues la universidad de Coimbra todavía no había alcanzado un relieve suficiente y eran muchos los que acudían a la de Salamanca. Hay que tener en cuenta, a este respecto, que la opinión y los votos estudiantiles eran fundamentales para la provisión de la catedra.

Sin embargo, sus pretensiones iban a chocar de frente con la oposición de una parte importante del claustro y ni siquiera una

Fray Luis de León.

cédula de Felipe II ordenando «*se diese a fray Héctor Pinto la cátedra de Teología que había obtenido por votos de estudiantes*», logró que sus oponentes depusieran la negativa a su elección.

En la sesión celebrada por el claustro universitario en pleno el 13 de julio de 1568, donde se dio lectura a la provisión real y se discutió si ésta se debía o no cumplir, votando una mayoría por la desobediencia, fue determinante la intervención de fray Luis de León quien, entre otras razones para el incumplimiento, argumentó y pidió se cursara la correspondiente información al rey «*porque es manifiesto y notorio que ese padre y los que tratan de este negocio han andado con gran diligencia ahora hablando y negociando por diferentes maneras con las personas de este claustro para que den este partido al dicho padre y no le contradigan, ofreciendo para ellos promesas y haciendo amenazas. Y es también público y notorio que para las firmas de estudiantes que una vez se trajeron a este claustro y otras que se enviaron a su majestad y a los señores de su muy alto consejo, anduvieron un mendigo y otros dos o tres estudiantes de la nación del dicho padre, importunando a los estudiantes teólogos y a otros de otras facultades que firmasen un pliego de papel blanco que les mostraban, sin saber lo que firmaban ni lo que después se había de escribir, y también es público y notorio que la mayor parte de los estudiantes que firmaron esta*

«Es público y notorio que la mayor parte de los estudiantes que firmaron esta postrera vez no oyen al dicho padre ni le quieren oir».

postrera vez no oyen al dicho padre ni le quieren oír, y que solamente firmaron por la importunación y ruego de otros».

Estas y otras denuncias sobre irregularidades en el proceso de selección dieron su fruto y acabarían con las pretensiones del portugués, quien, humillado y ofendido, abandonó por fin Salamanca. Mas, dando prueba de su tenacidad y como respuesta a sus detractores que habían llegado a señalarle como insuficientemente versado en la enseñanza escolástica, entonces en boga, fray Héctor Pinto marchó para Sigüenza, en cuya universidad alcanzaría, ese mismo año, el grado de doctor.

No cabe duda de que ésta sería para él una importante satisfacción moral, aunque el verdadero respaldo lo iba a encontrar, pocos años después en la universidad de Coimbra, donde se creó una nueva cátedra de Interpretación de la Sagrada Escritura que se le encargó a él, en 1576. Sin embargo, este magisterio lo pu-

Alumnos de la Universidad de Salamanca. Cuadro de Martín Cervara. Siglo XVIII.

Cuatro calles

do ejercer apenas tres años, como consecuencia de su oposición a Felipe II, frente a las pretensiones de éste de unir Portugal a la Corona de España. Envuelto en las intrigas políticas del momento y haciendo público alarde de su entusiasmo patriótico en múltiples intervenciones que lo condujeron a ser señalado como un peligroso elemento perturbador, el 20 de agosto de 1581, el monarca español ordenó su confinamiento en el monasterio de la Sisla de Toledo, perteneciente a la orden jerónima. Y aunque un año más tarde le fue levantada la pena, si bien se le prohibió regresar a Portugal, él decidió no moverse ya de allí hasta el final de sus días en 1584.

Su sepultura, en la iglesia del cenobio toledano, llamó la atención, en 1760, del clérigo y arqueólogo italiano en viaje por España, Norberto Caimo, el cual nos dejó este escueto pero muy revelador testimonio:

«Al pasar por la sacristía, al pie del altar, vi una inscripción sobre el monje Héctor Pinto, portugués, que figura entre sus seguidores como un gran orador, un gran teólogo y un gran intérprete de las Escrituras. La inscripción que el mismo Pinto dejó antes de morir es ésta: HIC IACET LUSITANUS ILLE».

Fue enterrado en San Román un sacerdote jesuita a quien la historia ha escamoteado el mérito de haber conseguido hacer volar el primer aerostato.

Aquí yace el lusitano. Tal fue el epitafio con el que uno de los hombres más sabios de su tiempo decidió ser recordado. Ni siquiera su nombre. Sólo la pública confesión de pertenencia a su amada tierra portuguesa por cuya independencia luchó, sin importarle enfrentarse al poderoso monarca que un día fue su valedor, con las consecuencias descritas.

«El rey Felipe bien me podrá meter en Castilla, mas Castilla en mí, es imposible», dijo en cierta ocasión. Y, aunque fue tierra castellana la que cubrió sus restos mortales, estos, con su tumba y el epitafio que la cubría, como si de una premonitoria disposición de sus deseos se tratara, acabaron desapareciendo, al igual que el propio monasterio, en el primer tercio del siglo XIX.

El cura volador

El 19 de noviembre de 1724, solo, enfermo y pobre, falleció en el Hospital de la Misericordia de Toledo y fue enterrado de caridad en la cercana iglesia de San Román, un sacerdote jesuita portugués a quien la historia ha escamoteado el extraordinario mérito de haber sido el primero en conseguir hacer volar un aerostato de su invención. Semejante hazaña le valió el apodo de *El cura volador*.

Se llamaba Bartolomeu Lourenço de Gusmão. Había nacido en Brasil, entonces colonia portuguesa, pero a los quince años se fue a Coimbra, en cuya universidad estudió derecho canónico, ciencias matemáticas, astronomía, mecánica, física, química y filosofía. Hacia 1708 fue ordenado sacerdote e ingresó en la Compañía de Jesús. Pero, salvo estos y algunos otros datos imprecisos, poco sabemos de su vida y de la hazaña por la que se le recuerda, y que fue utilizada como argumento por el premio nobel de Literatura José Saramago

Demostración del primer vuelo aerostático ante la corte de João V, tal como lo imaginó en el siglo XX el pintor Bernardino de Souza Pereira.

Cuatro calles

El rey João V de Portugal

en su libro *Memorial del convento*.

En realidad, no sabemos a ciencia cierta en qué consistió el invento del padre Lourenço, si bien parece existir un amplio acuerdo en que se trató de un experimento realizado con un pequeño globo aerostático. Éste se desarrolló en tres intentos y tuvo como testigo de excepción al rey de Portugal João V y su corte de dignatarios. La primera demostración tuvo lugar el 8 de agosto de 1709 en el gran salón del palacio. Lamentablemente, el ingenio aerostático, posiblemente consistente en un globo de papel y un cuenco con fuego que le proporcionaba el aire caliente necesario para la elevación, se incendió antes de despegar. Dos días después tuvo lugar la segunda prueba con un éxito relativo, ya que el aerostato se elevó tres o cuatro metros del suelo, pero el personal al servicio del palacio, temiendo que pudieran prenderse las cortinas de los grandes ventanales de la sala donde el experimento tenía lugar, se lanzó sobre él para apagarlo, ayudándose de unas varas largas e impidiendo así que llegara al techo.

El tercer intento al fin resultó satisfactorio. Esta vez se eligió el patio del palacio, desde donde el globo ganó altura lentamente y, cuando se agotó la llama, des-

Ninguno de los testigos del acontecimiento pudo vislumbrar las consecuencias que la elevación en el aire de un globo podía reportar al progreso de la humanidad.

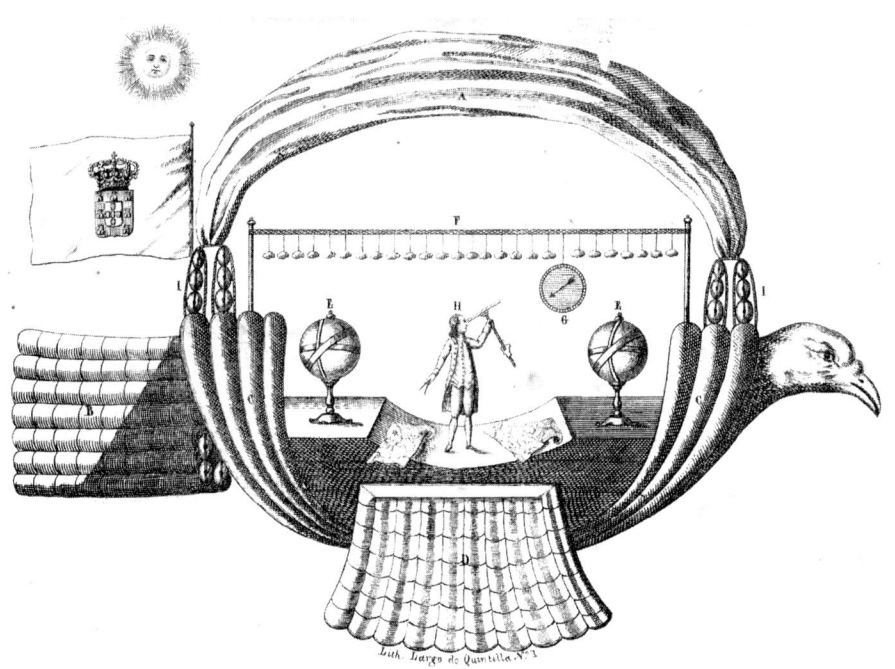

La *Passarola*, el falso invento que el padre Lourenço hizo circular.

cendió hasta posarse con suavidad en el suelo.

Pero, aunque sorprendidos, ninguno de los testigos del acontecimiento apreciaron en su justa medida la importancia que tenía. Ni el rey, ni la reina, ni el cardenal Conti, embajador del Vaticano en Lisboa y futuro papa Inocencio XIII; ni los clérigos, infantes y miembros de las clases más altas que conformaron el selecto auditorio, podían entender nada sobre principios elementales de la física y mucho menos vislumbrar las consecuencias que la elevación en el aire de un glo-

bo podía reportar al progreso de la humanidad. Así se explica que el futuro sumo pontífice, en un lacónico despacho remitido a la Santa Sede, se limitara a decir que se trataba de «*una cosa carente de valor y sin ninguna expectativa digna de apreciación*». Y, en el peor de los casos, la ignorancia y el fanatismo, tan extendidos, hicieron que se interpretara como cosa del diablo aquel efecto que desafiaba las leyes naturales.

La hazaña del *cura volador*, no obstante, se fue extendiendo a base de interpretaciones y comentarios de lo más variopinto. Se cree que el propio padre Lourenço contribuyó a crear confusión en torno a su invento, tal vez porque algunos aprovechados intentaron conocerlo y hacerse con la patente del mismo. Así, hizo circular un dibujo poco realista de su pretendido ingenio, que bautizó con el nombre de *Passarola* (pájaro en portugués), pues, aunque su aspecto era el de un navío, con toberas y velas, tenía en la proa una cabeza de ave, mostraba alas abatibles y cola de dirección. Asimismo, en el centro de la aparente nave voladora se apreciaba una figura humana, lo que llevó a interpretar que su inventor la había tripulado por las alturas. Se dice que el propio Bartolomeu Lourenço de Gusmão se vio sorprendido por el éxito de su engaño que motivó infinidad de comentarios, unos alabando el invento y otros muchos burlándose de él.

Lo cierto es que, aunque el rey le concedió una pensión de 600.000 reales para continuar perfeccionando el ingenio, éste, que se sepa, no fue más allá de la demostración aerostática antes descrita. Ello a pesar de que

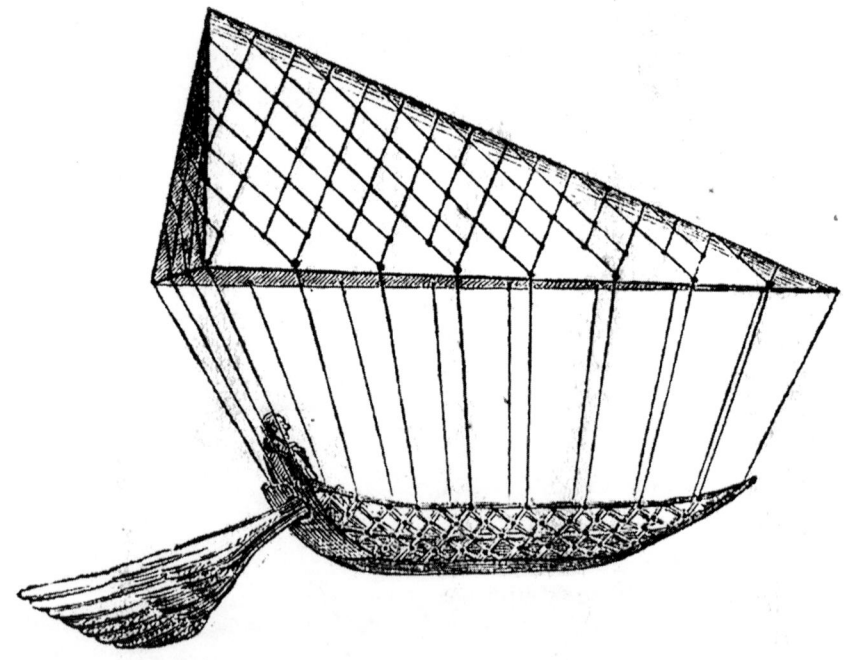

Dibujo de la época sobre el supuesto vuelo de la *Passarola*

Tras aquella primera demostración, no existe evidencia de que Bartholomeu Lourenço de Gusmão siguiera trabajando en sus proyectos de aerostación.

João V había puesto en él grandes esperanzas, como se infiere de lo consignado en el documento que lleva su firma: *«Yo, el rey, hago saber que el sacerdote Bartolomeu Lourenço de Gusmão me ha presentado una petición según la cual ha descubierto un instrumento para volar por los aires... En esta instigación, importantes órdenes podrían transmitirse a ejércitos y países distantes casi al mismo tiempo que se toman las decisiones... Además, podría hacer que lo que necesito se envíe desde países distantes con mayor rapidez y seguridad: los comerciantes podrían enviar cartas y capital con la misma rapidez: todos los asediados, las plazas podrían recibir ayuda con personal, municiones y víveres, y podrían sacar a aquellas personas que así lo desearan sin que el enemigo pudiera impedirlo. Las regiones más cercanas a los polos quedarían al descubierto, de modo que Portugal ganaría el honor de este descubrimiento, que las naciones extranjeras han intenta-do en varias ocasiones, sin éxito, alcanzar las verdaderas dimensiones geográficas de todo el mundo, cuya información errónea actual en los mapas podría causar muchos naufragios. Se añadirían además muchas otras ventajas que se conocerían con el tiempo...».*

Sin embargo, tras aquella primera demostración, no existe evidencia de que Bartholomeu Lourenço de Gusmão siguiera trabajando en sus proyectos de aerostación. Hay referencias de que continuó su vida académica en Coimbra e, incluso, viajó por Europa, en particular los Países Bajos, donde residió algunos años. De regreso a Portugal, en 1720 se le nombró miembro de la Real Academia de la Historia y, dos años después, capellán del rey. Pero nada sabemos sobre si continuó interesado en su «máquina voladora». Al parecer mantuvo relación de amistad con varios cristianos nuevos (alusión a los judíos obligados a convertirse a la fe católica), lo que, en última instancia, pudiera haber deter-

I

minado su abandono del país al ser señalado por la Inquisición que, acaso, recordó entonces sus experimentos «antinaturales». Otras fuentes, sin embargo, aseguran que los motivos de la huida estuvieron relacionados más bien por ciertos devaneos amorosos con una religiosa.

Sea como fuere, lo cierto es que el famoso *cura volador* puso rumbo a España y terminó recalando en Toledo. Aquejado de tuberculosis, fue recogido en el Hospital de la Misericordia, situado en la plaza de Padilla, en el edificio que hoy ocupa la Facultad de Humanidades, donde falleció. Sus restos mortales fueron enterrados en la cercana iglesia de San Román, en cuyo libro de defunciones se halló la siguiente partida:

«En diez y nueve días del mes de noviembre de mil setecientos y veinte y cuatro años, D. Bartholomé Lorenzo de Guzmán, doctor en cánones en la universidad de Coimbra, natural de la villa de Santos, en el Brasil, de edad de treinta y ocho años, residente en la ciudad de Lisboa,

hijo de D. Francisco Lorenzo, difunto, y de Dª María Álvarez, hallándose al presente en el hospital de la Misericordia, parroquia de San Román de esta ciudad de Toledo, habiendo confesado y recibido por viático el Santísimo Sacramento de la Eucaristía y el de la extremaunción, falleció, no hizo testamento por no tener de qué hacerlo, y fue sepultado en esta iglesia parroquial del Señor San Román con la asistencia de la parroquia y la Hermandad de sacerdotes del Señor San Pedro, y vestido con ornamentos sacerdotales y dio a la fábrica de dicha iglesia setenta y seis reales por dichos ornamentos y treinta reales por la sepultura, la cual cantidad pagó dicha Hermandad de Sacerdotes del Señor San Pedro, y por ser verdad lo firmo como cura propio de dicha iglesia. Firmado Francisco Gómez Marina».

Seis décadas más tarde, el mundo reconocía a los franceses hermanos Montgolfier como los inventores del globo aerostático. En Portugal recordaron entonces la hazaña del *padre volador* e intentaron demostrar que su nación merecía prioridad en la gloria por tan prodigioso hecho. Pero... ¿qué pruebas había al respecto? Vagos e imprecisos testimonios. Documentos sobre una pretendida nave con forma de

Hermanos Montgolfier, a quienes se reconoce el invento del globo aerostático.

pájaro que tenían toda la pinta de una imaginativa invención. A pesar de todo, tanto en Portugal como en Brasil se inició una campaña larga y persistente que llegó hasta mediados del siglo XIX, cuando un profesor de la Universidad de Coimbra logró probar que el dispositivo del padre Lourenço no había sido la llamada Passarola, sino un globo de papel del que colgaba un recipiente que contenía un líquido inflamable capaz de calentar el aire confinado en el globo. Exactamente el mismo sistema empleado por los hermanos franceses. Pero ya la fama de estos había traspasado todas las fronteras y era demasiado tarde como para desmontar un hecho que el mundo había admitido como incontrovertible.

Tampoco se tiene constancia de que nadie dirigiera entonces su atención a la tumba del padre Lourenço, olvidada en una no menos olvidada iglesia toledana donde aún tardarían varias décadas en descubrirse sus maravillosas pinturas murales. La tumba donde quedaron sepultados, con sus restos, los secretos de una invención extraordinaria.

No obstante, al cumplirse el segundo centenario de su muerte, allí se colocó una lápida con la siguiente inscripción: «*En este templo de San Román Mártir reposan los restos de don Bartolomé Lorenzo de Guzmán, presbí-*

Placa de Julio Pascual colocada en la iglesia de San Román. Foto publicada en la revista *Blanco y Negro* en 1926.

Monumenro al padre Lourenço en Santos, su ciudad natal

tero portugués, nacido en la ciudad de Santos (Brasil) en el año MDCLXXXV, primer inventor de los aerostatos. Falleció en esta capital en XIX de noviembre de MDCCXXXIV. La ciudad de Toledo le dedicó este recuerdo».

Dos años más tarde, con ocasión del I Congreso Iberoamericano de Aeronáutica celebrado en Madrid, se le tributó un nuevo y solemne homenaje. Los congresistas, encabezados por el infante don Alfonso de Orleans y Borbón, primo hermano del rey Alfonso XIII y uno de los primeros y más destacados aviadores militares españoles, se desplazaron hasta Toledo para homenajear al *cura volador* ante su tumba. De aquel acto quedó constancia en una placa de cobre repujado, obra del célebre artista toledano Julio Pascual, quien por esas premuras con las que siempre se mueven los políticos, hubo de realizarla en apenas 48 horas. En el texto de la misma, redactado seguramente con idéntica precipitación, se leía lo siguiente: *«El primer Congreso Iberoamericano de Aeronáutica, celebrado en Madrid el año 1926, rinde este homenaje a fray Bartolomé Lorenzo de Guzmán, precursor de la aeronáutica, remontándose en globo el año 1709. Sus hermanos de raza, de 21 Estados, visitaron su tumba y colocaron está lápida el día 31 de Octubre de 1926».*

Habrían de pasar aún otros cuarenta años para que el vuelo, que en vida el padre Lourenço no alcanzó a remontar más allá de sus modestos intentos, traspasara el océano camino de su país de origen. El motivo de ello fue el interés mostrado por el gobierno brasileño para trasladar los restos de este precursor de la aeronáutica hasta Santos, su ciudad natal, en el estado de Sao Paulo.

Sepulcro del padre Lourenço en la cripta de la catedral de Sao Paulo.

El proyecto no encontró obstáculo por parte del gobierno de España, seguramente por tratarse de un personaje sin relación con nuestro país, más allá de haber finado sus días en la ciudad de Toledo. Por tanto, en 1966, las cenizas del padre Lourenço volaron a Brasil y hallaron último reposo en la cripta de la Catedral Metropolitana de Sao Paulo, mientras un extraordinario monumento erigido en una de las principales plazas de Santos recuerda desde entonces la hazaña que el mundo nunca le reconoció.

La desafortunada familia militar de José Amador de los Ríos

JOSÉ LUIS ISABEL

El destacado historiador y arqueólogo José Amador de los Ríos y Serrano (1816-1878) tuvo de su matrimonio con María Juana Fernández de Villalta cinco hijos, de ellos cuatro varones, uno de los cuales, Rodrigo, seguiría los pasos de su padre, mientras otros dos la carrera militar, Alfonso, perteneciente al arma de Infantería, y Gonzalo, médico, al cuerpo de Sanidad Militar; ambos perderían la vida en el mismo año y en acto de servicio.

Alfonso había nacido en Madrid el 17 de junio de 1856, realizando sus primeros estudios en la capital, en la que se preparó para intentar superar el examen de ingreso a la Academia del Arma.

Toledo había dejado ya de llorar la pérdida del Colegio de Infantería, afincado en la ciudad desde 1850 y que había cerrado sus puertas en 1869 como consecuencia del exceso de aspirantes a ingreso en él y dando lugar a la abolición de la clase de cadetes. Los alumnos que cursaban sus estudios en el Colegio se habían tenido que incorporar a los cuerpos del Arma para continuar su formación.

Transcurridos dos años, en 1871 preocupaban en el Ministerio de la Guerra los más de millar y medio de aspirantes cuyas esperanzas habían sido defraudadas al suspenderse las convocatorias de ingreso. En el mes de marzo, visto que se había reducido el número de alféreces en el Arma de Infantería, se decidió proveer trescientas plazas, aumentadas posteriormente a cuatrocientas dos.

No resultaba fácil conseguir una plaza a los hijos de paisano, como era el caso de Alfonso, pues tan solo el veinte por ciento estaban destinadas a ellos, siendo las restantes para los hijos de los jefes y oficiales muertos en cam-

Rodrigo Amador de los Ríos, hermano y padre de militares.

once meses que duró el régimen. Había continuado la Guerra Grande de Cuba, tomado incremento la Tercera Carlista, que se había iniciado el anterior año, y se había producido la locura de la Revolución Cantonal.

En este inestable clima transcurrió la preparación de Alfonso para su ingreso en la Academia, cuyos exámenes estuvieron a punto de suspenderse al producirse el 3 de enero de 1874 el desalojo del Congreso de los Diputados por el general Pavía, capitán general de Madrid.

Se pudieron concluir los exámenes y Alfonso consiguió plaza con diecisiete años de edad, incorporándose el 26 de enero de 1874 al Regimiento de Infantería de Cuenca, en Madrid, para realizar sus estudios en la Academia de Distrito de Castilla la Nueva, situada en dicha plaza. Teniendo familia en la localidad, fue autorizado a vivir en su casa, pero no a vestir de paisano. Le esperaban tres años de estudios, seguidos de seis meses de prácticas en los cuerpos, no pudiendo alcanzar el empleo de alférez hasta que no se produjese vacante.

En la revista pasada en el mes de febrero fue filiado como caballero cadete en el citado regimiento, en el que se mantuvo

paña, de los que se encontraban en activo servicio y de los retirados. Tras el ingreso, los alumnos serían dados de alta en los cuerpos y seguirían sus estudios en las academias instaladas en la cabecera de cada distrito militar.

La situación que se vivía por entonces en España no era tranquila. Tras el asesinato del general Prim y el fallido intento de restauración de la monarquía en la persona de Amadeo I, en febrero de 1873 había llegado la república, cuyos cuatro presidentes no trajeron más que todo tipo de complicaciones durante los hasta el mes siguiente, al pasar a la Academia de Infantería, que había sido creada el 26 de marzo en Madrid y que se instaló en la Casa de Canónigos de las Salesas. No tardaría Toledo en reclamar la recién nacida Academia por considerarla suya al ser la heredera del Colegio de Infantería, pero Alfonso no llegaría a vivir en esta ocasión en la Ciudad Imperial, aunque sí más tarde, pues el Centro de Enseñanza no sería trasladado hasta el año siguiente, y ya para entonces había terminado sus estudios, puesto que al reclamar la situación bélica oficiales con urgencia, obligaría a reducir el plan de estudios a tan solo siete meses, lo que haría que a esta promoción se la conociese en lo sucesivo con el nombre de «sietemesinos».

Durante el escaso tiempo que permaneció en la Academia fue un estudiante ejemplar, destacado entre sus compañeros por su aplicación y buena conducta. Superados los exámenes finales, se vio Alfonso ascendido a alférez el 23 de agosto de 1874, cuando acababa de cumplir los dieciocho años.

Su primer destino sería tranquilo, un batallón de la Reserva Provincial que guarnecía Toledo y que en el mes de octubre tomó el nombre de Batallón Provincial de Toledo, y se trasladó a Madrid, que abandonó en noviembre al ser destacado a Guadalajara.

Ascendido a teniente en el mes de noviembre de 1875, fue destinado al Regimiento de Aragón, con el que se incorporó a las provincias del norte para luchar contra los carlistas. El 30 de enero de 1876 formaba parte de las tropas que al mando del general Fernando Primo de Rivera recibieron la orden de atacar la línea carlista que defendía Estella, con el objetivo de ocupar las

Terreno donde se libró la batalla de Santa Bárbara de Oteiza.

formidables posiciones de Santa Bárbara de Oteiza, que consiguieron tomar tras intensos combates. Terminado éste, y entregado junto con el resto del batallón al descanso, estaba rodeado de un grupo de oficiales cuando cayó una granada a sus pies, siendo el único en sufrir daños y falleciendo instantáneamente a causa de un cascote que impactó en su cabeza, resultando el resto ilesos.

Igual suerte correría su hermano Gonzalo, quien había marchado voluntario a Cuba como médico militar y mientras atendía en el Hospital Militar de La Habana a enfermos de fiebre amarilla, contrajo la enfermedad y murió el 31 de junio de 1876.

Estas dos muertes tan inesperadas y seguidas afectaron a la delicada salud de su padre, que fallecería dos años después.

Otro de los hermanos, Rodrigo, contrajo matrimonio con Petra Cabezón Almela, con la que tuvo cinco hijos, eligiendo el mayor, de igual nombre que el padre, la carrera militar.

Nacido en Madrid el 29 de junio de 1894, ingresó en 1911 en la Academia de Infantería de Toledo, en la que siguió sus estudios hasta ser promovido a segundo teniente en 1914. Con es-

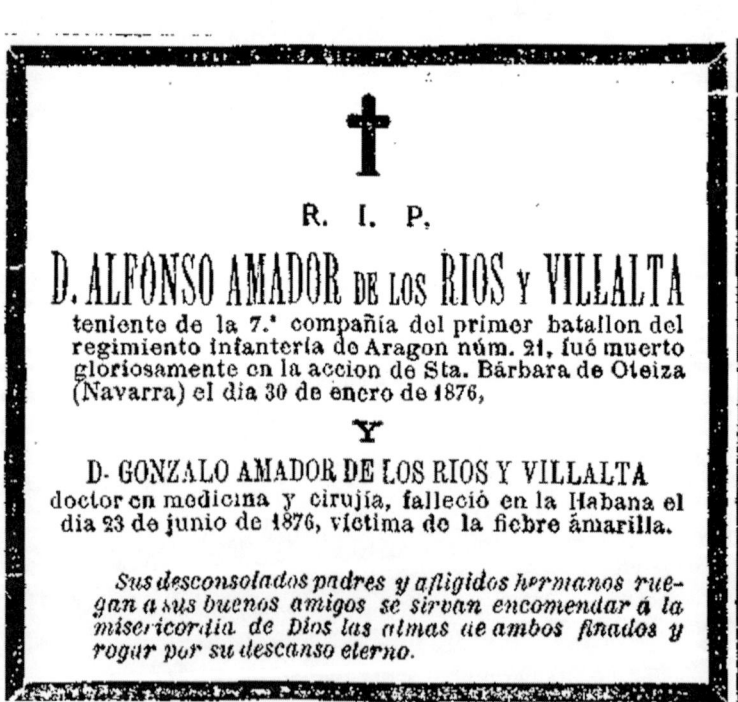

R. I. P.

D. ALFONSO AMADOR DE LOS RIOS Y VILLALTA
teniente de la 7.ª compañía del primer batallon del regimiento infantería de Aragon núm. 21, fué muerto gloriosamente en la accion de Sta. Bárbara de Oteiza (Navarra) el dia 30 de enero de 1876,

Y

D. GONZALO AMADOR DE LOS RIOS Y VILLALTA
doctor en medicina y cirujía, falleció en la Habana el dia 23 de junio de 1876, víctima de la fiebre ámarilla.

Sus desconsolados padres y afligidos hermanos ruegan a sus buenos amigos se sirvan encomendar á la misericordia de Dios las almas de ambos finados y rogar por su descanso eterno.

te empleo fue destinado al Regimiento de Asia, en Gerona, en el que permaneció hasta que en diciembre de 1814 pasó al Cuadro Eventual de Ceuta, a la espera de destino en Marruecos, que conseguiría dos meses después, en el Batallón de Cazadores de Los Arapiles, con el que intervino en operaciones de campaña.

Fue ascendido a primer teniente en junio de 1915 y confirmado en su destino. En ese mismo mes se enfrentó al enemigo formando parte de una columna a las órdenes del general Severiano Martínez Anido, que unos meses antes había cesado como director de la Academia de Infantería.

En agosto consiguió ser trasladado al Grupo de Fuerzas Regulares Indígenas de Ceuta, su gran ilusión, en el que permaneció hasta que, en enero de 1918, fue destinado a la Subinspección de las Tropas y Asuntos Indígenas de dicha plaza. Fue felicitado en 1919 por la habilidad y pericia con que había logrado la sumisión al Majzén de la kabila de Anyera y su ocupación militar. En ese año contrajo matrimonio con Amelia de las Heras y Pestaña y consiguió la calificación de sobresaliente en los exámenes del primer curso de árabe.

El comandante Rodrigo Amador de los Ríos

En enero de 1921 obtuvo el empleo de capitán y fue destinado al Regimiento de Navarra, de guarnición en Lérida, del que pasó en febrero del año siguiente al de Pavía, en San Roque (Cádiz), consiguiendo en 1923 regresar a Regulares de Ceuta.

Enseguida volvió a entrar en combate, ganando en octubre de 1925 el empleo de comandante por méritos de guerra, lo que motivó el cese en su destino. Volvió entonces al Regimiento de Pavía, en San Roque, próximo a la ciudad de Ceuta, en la que veraneaba y en la que, disfrutando licencia de Pascua en enero de 1826, cayó enfermo, tardando más de medio mes en recupe-

Un puesto de observaciónn en el Cerro de Garabitas, durante la guerra civil, donde halló la muerte el recien ascendido teniente coronel Amador de los Ríos.

rarse. Recayó en su enfermedad en el mes de noviembre, concediéndosele dos meses de licencia para Madrid y Ceuta.

En febrero de 1927 pasó agregado al Estado Mayor del Jefe Superior de las Fuerzas Militares de Marruecos, incorporándose a su destino en Tetuán y dedicándose los meses siguientes a pasar revista a las posiciones campamentos y poblados de la circunscripción de Larache.

Su hoja de servicios recoge en estos años la opinión que de él tenían sus mandos:

«Muy trabajador, toma con mucho interés cuantos cargos desempeña y asuntos que se le encomiendan.

Este Jefe suma a su laboriosidad e inteligencia la modestia, haciendo de él un brillante oficial del mando, que le reputa y estima por dichas cualidades, considerándolo apto para el desempeño de misiones delicadas, relacionadas con el mando de tropa y justicia militar.

Jefe discreto, de actuación inteligente, extremado en el cumplimiento del deber, merece el mejor concepto».

Al lado de valor «acreditado», es calificado en dicha hoja con la nota de concepto de «Mucha» en Aplicación, Capacidad, Puntualidad en el servicio e Instrucción.

Reorganizado en diciembre de 1933 el ejército de Marruecos,

quedó en situación de disponible en Tetuán, siendo al año siguiente destinado al mando del primer batallón del Regimiento número 27, antiguo Regimiento de Cuenca, en Cádiz, de donde pasó a Ceuta en febrero de 1936.

Iniciado el Alzamiento Nacional, el 19 de julio embarcó con destino a Algeciras al mando del 2º Tabor de Regulares de Ceuta. Tras participar en la conquista de varias poblaciones, se incorporó en Sevilla a la columna del coronel Sáenz de Buruaga, con la que se dirigió a Badajoz y de allí hacia Madrid, interviniendo en la provincia de Toledo en la toma de Puente del Arzobispo y Calera y Chozas, y cayendo herido de gravedad durante el asalto a Talavera de la Reina, el 3 de septiembre de 1936. Permaneció en recuperación hasta que el 25 de noviembre se volvió a incorporar a su Unidad, que se encontraba en el cerro de Garabitas (Madrid). Por este hecho recibiría en 1938 la Medalla de Sufrimientos por la Patria. El 12 de diciembre fue ascendido a teniente coronel

y el 24 perdió la vida en la citada posición. En enero de 1938 el Gobierno del Frente Popular, perfectamente informado, le daba de baja en el Ejército sin opción a derechos pasivos.

El 6 de mayo de 1944 apareció en el *Diario Oficial del Ministerio del Ejército* la orden de concesión de la Medalla Militar Individual, segunda recompensa en importancia en los Ejércitos, tras la Cruz Laureada, por los méritos contraídos en la campaña:

«Este comandante que, al mando del segundo Tabor de Regulares de Ceuta, desembarca en Algeciras en los primeros días del Glorioso Movimiento Nacional, se distingue por su actividad infatigable, sofocando la revolución marxista en gran número de pueblos, tanto en Andalucía como de los que estaban en el itinerario de la columna Castejón a la que pertenece, en su marcha hacia Madrid.

En la toma de Badajoz recibe orden de asaltar con su Tabor el Cuartel de Menacho, reducto central del enemigo, lo que eje-

Se volvió a incorporar a su unidad que se encontraba en el cerro de Garabitas (Madrid). El 12 de diciembre fue ascendido a teniente coronel y el 24 perdió la vida en la citada cuta poniéndose al frente de sus fuerzas al arma blanca y con granadas de mano, consiguiendo ocuparlo y conservarlo.

En la toma de Talavera culmina su actuación cuando, después de un combate encarnizado, que dura varias horas, para obtener la decisión en medio de un diluvio de balas enemigas y bajo el fuego de la aviación roja, toma las medidas necesarias para disminuir el número de bajas y, al frente de su Tabor, asalta los objetivos señalados de una manera que califica de heroica el jefe de la Columna.

El jefe, objeto de esta Medalla Militar individual se conduce en todo momento con una pericia y conocimientos profesionales tales, que consigue siempre con sus oportunas maniobras obtener en todo momento y con el mínimo de bajas los objetivos que se le determinan, dando en todo momento ejemplo de serenidad, valor personal y desprecio del peligro.

Este ejemplo se hace patente en sus últimos momentos cuando, en el sector de Garabitas (frente de Madrid), al arrancarle un cañonazo una pierna, aprovecha los minutos que le quedan de vida para exhortar a sus soldados a cumplir como buenos españoles e infantes y a disputarse siempre los puestos de mayor honor y peligro».

No fueron afortunados los tres miembros de la familia Amador de los Ríos, pues en diferentes conflictos perdieron su vida a temprana edad. Sirvan estas palabras como homenaje a todos ellos.

Un Toledo inadvertido: Las cruces tumularias

MARIANO MUÑOZ ROMERO

Hay un Toledo inadvertido, que por estar tan próximo y cercano no lo descubrimos ni percibimos, precisamente por ser tan cotidiano en nuestro deambular por esta ciudad es tan desconocido e ignorado.

Si nuestro trasiego cotidiano por Toledo no fuese apresurado y rutinario, muchos interesantes detalles de esta ciudad no se convertirían en un secreto a todas luces.

Pretendemos descubrir y conocer algunos de esos sorprendentes detalles con unos nuevos ojos de espectador, y que generosamente este Toledo desapercibido muestra a quien transita por él sin la premura del turista de un día o el desinterés e indiferencia del habitante de toda una vida.

Se pasea por las calles sin observar aspectos que, por abundantes y cercanos, llegan a ser considerados corrientes, mientras que en otras ciudades serían admirados como extraordinarios.

En ese Toledo inadvertido, entre un sinfín de restos y detalles, están las cruces tumularias, en las que vamos a detenernos unos momentos.

Las cruces tumularias son otra huella más de la historia de la ciudad cuya justificación es desconocida, difícil de explicar por falta de documentación, basándose su interpretación sólo en suposiciones y conjeturas.

El símbolo de la cruz en la cultura cristiana tiene un significado religioso, de algo benefactor, redentor y protector, que aparece en edificios, lugares y arte sacros, así como en los gestos litúrgicos de bendición, absolución o persignación. Pero también nos lo encontramos en construcciones populares como muestra de una fervorosa y exaltada devo-

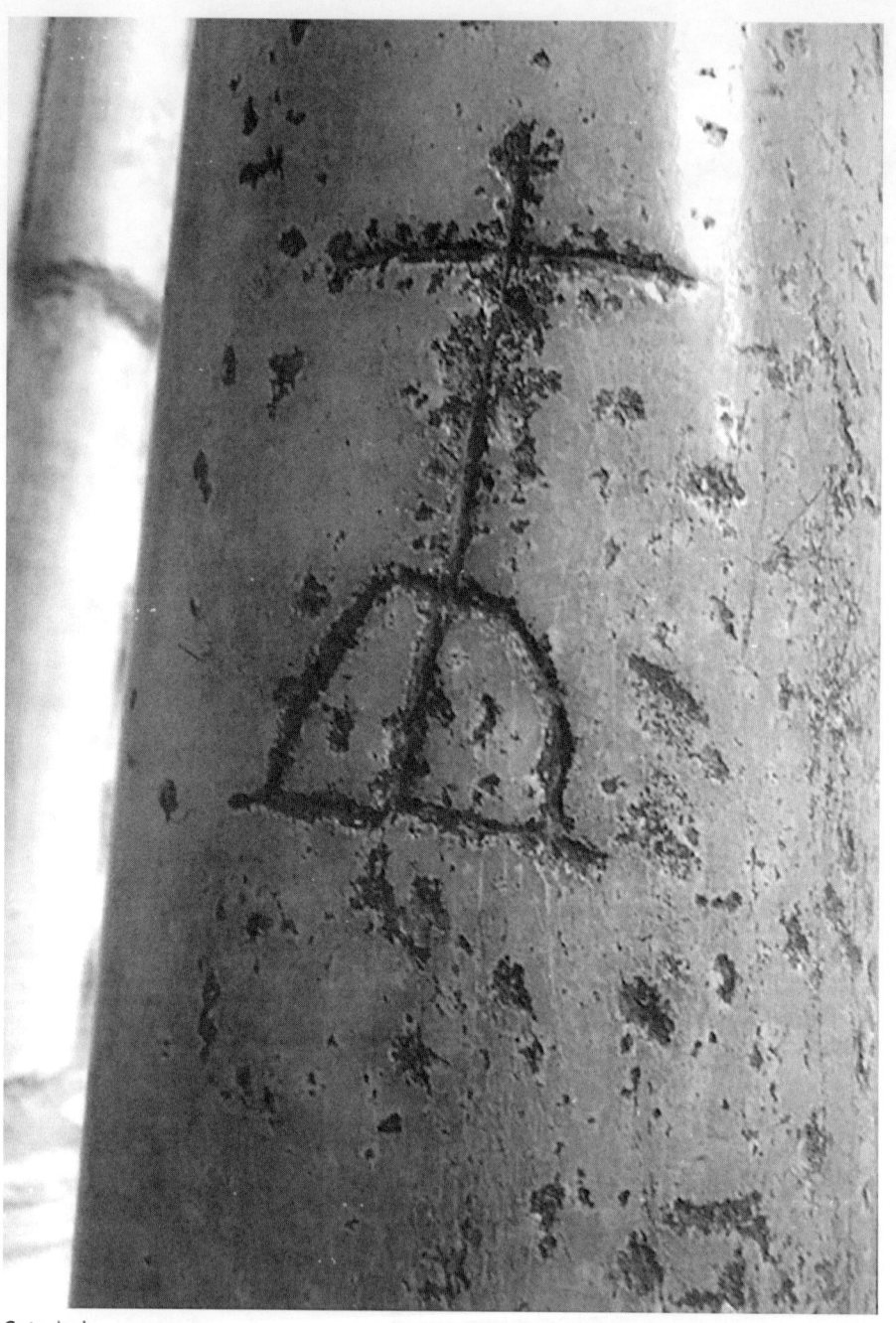

Catedral

ción, para invocar protección, piedad u oración. A veces, incluso se emplea con una finalidad mágica, próxima a la superstición y el fetichismo, en talismanes y amuletos.

Son diversos los lugares y las intenciones en la realización de una cruz:

En la entrada de construcciones religiosas para marcar un lugar sagrado, para indicar la venerabilidad de un edificio, como recordatorio de la existencia de un altar y sagrario al otro lado de un muro, para solicitar una piadosa oración en el sitio donde aparece o como señal de un enterramiento.

También para buscar la protección contra el maligno y fuerzas sobrenaturales o enfermedades, fruto de creencias populares y supersticiones.

La finalidad más sugestiva para la imaginación y la fantasía es la de indicar el lugar de una muerte violenta o truculenta, por accidente, duelo, reyerta, venganza, asesinato o suicidio.

Las cruces tumularias o tumulares son aquellas que aparecen con una tumba o túmulo a sus pies, y se supone que marcarían el lugar de un fallecimiento trágico.

La realización de estas cruces debió de ser de un modo clan-

La realización de estas cruces debió de ser de un modo clandestino, rápido, sigiloso y posiblemente con nocturnidad, motivo por el que algunas están sólo pintadas, pues su obra sería más fácil y silenciosa.

destino, rápido, sigiloso y posiblemente con nocturnidad, motivo por el que algunas están sólo pintadas, pues su obra sería más fácil y silenciosa.

Los duelos fueron una práctica irracional, ilegal e inmoral, independientemente de los motivos y formas que tuviesen, a pesar de gozar durante siglos de una relevante aceptación social y presentasen una aureola de gloria que ha llegado hasta el siglo XX.

Se considera duelo el enfrentamiento individual de dos contendientes y cuando para dicha confrontación, que podía ser a primera sangre o a muerte, se pacta lugar y tiempo, conlleva peligro, deseo de infligir heridas graves y se emplean armas letales, como fueron las espadas roperas.

Era el modo y la forma de reparar una afrenta al honor entre los nobles que sólo podía lavarse con sangre, existiendo incluso un «Código de Honor» y considerada una forma casi legal de resolver un conflicto.

En su origen fueron entre nobles o caballeros, pero entre los siglos XV y XIX fue el método utilizado para dirimir conflictos entre todo tipo de individuos y de toda clase social.

Durante los siglos XV al XVII se desarrolla en España la esgrima, «Destreza española», convirtiéndose en un verdadero problema para esta belicosa sociedad, en la que por un mal gesto o una mirada, la petulancia de los caballeros les llevaba a batirse en duelo mortal. Hubo épocas en las que un duelo podía producirse por un hecho tan insignificante como un cruce de miradas o el choque de dos hombros en el mercado de la plaza. Los reyes y generales intentaron prohibir esta práctica ya que perdían a muchos de sus más valiosos hombres para la guerra, aunque no lo consiguieron.

En el siglo XVI no era raro que el carácter orgulloso, arrogante y soberbio de los individuos de aquella época desencadenase un duelo por un incidente sin importancia, que impulsivamente era

En el siglo XVI no era raro que el carácter orgulloso, arrogante y soberbio de los individuos desencadenase un duelo por un incidente sin importancia, que impulsivamente era en el acto limpiado con sangre, en el mismo momento y lugar.

en el acto limpiado con sangre, en el mismo momento y lugar. Había muchos duelistas que no sabían esperar a la noche o al amanecer para batirse, sino que en el mismo instante en que se cruzaban en la calle con otra persona de su misma condición social y se sentían deshonrados por una falta de saludo o por una mirada turbia, desenfundaban sus espadas y resolvían el conflicto allí mismo, con resultado de muerte en muchas ocasiones.

Con el tiempo, los duelos fueron más frecuentes y cotidianos, extendiéndose entre los villanos. No se siguieron ni normas ni códigos y sí se recurrió a tretas, trucos, trampas y subterfugios que los convirtieron en simples reyertas callejeras.

Con frecuencia el duelo era llevado a cabo por matones y espadachines profesionales que retaban u ofendían al contrincante para ejecutar una venganza pagada por el verdadero adversario; los duelos, en estos casos, eran una auténtica emboscada traicionera.

La condena de los duelos por orden regia fue muy temprana en España, un dictamen de Fernando el Católico, pregonado en todo el reino, los prohibía desde 1480 so pena de muerte *ipso fac-*to, destierro inapelable a las Américas tras su descubrimiento, o condena en galeras por unos años, así como también a la pérdida de sus bienes y a la infamia perpetua; de aquí que muchos duelos se llevasen a cabo cerca de una iglesia, para poder acogerse a sagrado y al asilo de la misma, en caso de no poder huir y así no ser capturados.

La Iglesia reacciona con firmeza contra el duelo desde su aparición, aplicando diversas penas canónicas a su ejecución en diferentes concilios. Serán Alejandro III (1159-1181) en el Concilio

Hospital de Tavera

Cuatro calles

Puente de San Martín

IV de Letrán (1179), los Papas Julio II, León X en 1519 y Clemente VII. Es a partir de la finalización del Concilio de Trento (1563) cuando la Iglesia de Roma condena taxativamente con excomunión a todos los participantes en duelos, tanto al que propone como al que acepta, incluidos sus padrinos, que también estarán excomulgados.

Los lugares donde se dan los duelos suelen ser apartados, discretos, en los que la intervención de testigos sea inexistente, como en callejones recoletos, en las afueras, cerca de las puertas de la ciudad y puentes, pero también en los lugares más céntricos, públicos y concurridos, como plazas mayores, mercados, corrales de comedias, ayuntamientos, claustros y patios interiores de mansiones y palacios u hospitales, a veces cerca de iglesias.

Debido a que los duelistas fallecidos eran excomulgados y no se podía oficiar misa por sus almas, ni tener exequias, ni recibir sepultura eclesiástica, sus familias grababan estas cruces tumularias en el sitio donde hubieran fallecido para que cualquier persona anónima que pasase por allí, fuera inducida a rezar una oración por el alma de quien había muerto en ese lugar. Este puede ser el origen de algunas de las cruces tumularias.

En Toledo conocemos casi un centenar de estas cruces que pasan inadvertidas, grabadas o pintadas con mazarrón en sillares, muros, fachadas y edificios, anteriores al siglo XVIII, que han conseguido sobrevivir a la ajetreada historia de la ciudad. Los avatares y desaparición de muchas construcciones en los últimos cinco siglos nos hace suponer que muchas cruces también hayan desaparecido.

Un número tan elevado de cruces nos hace dudar que el motivo de todas ellas, por muy irritables que pudieran ser los hombres de esos siglos, fuese siempre la muerte en un duelo.

Las cruces son de diferente factura, artífice, lugar y momento de realización. Las hay con túmulos triangulares, circulares o rectangulares, otras sin túmulo, sencillas y pequeñas. Aparecen calvarios completos de tres cruces, las hay con la cartela del INRI en su parte superior, esquemáticas o muy detalladas con la figura de Cristo, aisladas y agrupa-

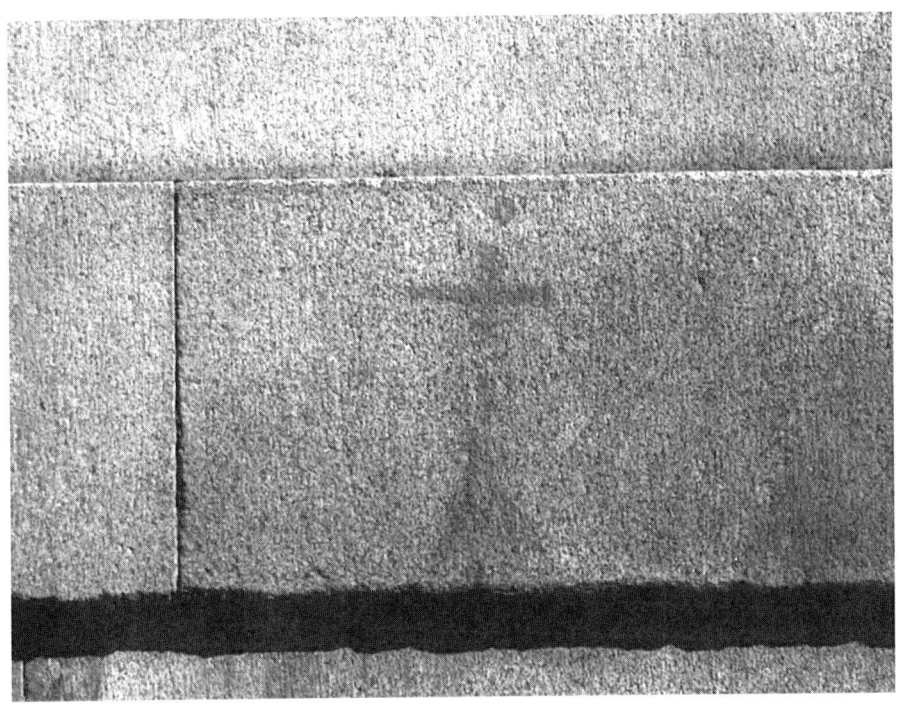

Calle Real.

Cuatro calles

das, a veces reunidas en un mismo lugar.

Los lugares son de lo más dispares y hasta extraños, pero sí podemos encontrar zonas o sitios en concreto donde se concentran muchas de ellas. Suponemos que si buscaban el duelo se escogiesen sitios recoletos, discretos y apartados, en las afueras de la ciudad o callejas y callejones solitarios.

Encontramos varias cruces reunidas en los puentes de Alcántara y San Martín, en la Plaza Mayor y del Ayuntamiento, en el entorno de la Catedral, calle de Santo Tomé, plaza de Zocodover...

Nos proponemos recopilar como algo curioso todas las cruces hasta ahora descubiertas, que forman parte del patrimonio de esta ciudad y darlas a conocer en un futuro trabajo.

Puente de San Martín

«Es gran verdad el que la marcha de hermoso progreso ó
funesto retroceso de un Estado, Corporación o Sociedad
está en razón directa con la persona que oficia de
directora. En el muy espacioso campo de la política,
lugar donde se cometen las más horrendas iniquidades,
es donde con frecuencia podemos estudiar este caso.
Poned al frente de una Corporación un hombre
ilustrado, de alta inteligencia y amor al pueblo, que
maneje con honradez, precisión y cálculo la máquina
que tiene bajo su dirección, y todo marchará bien. (...)
En cambio, cuando ocupan estos puestos por
circunstancias especiales hombres sin talento, hombres
ineptos, verdaderos pigmeos y consagrados inútiles,
veréis que el organismo, Estado, o Corporación que
dirigen, siente en su seno los gérmenes del mal estar, y
es, sencillamente, porque el inútil que tiene al frente
no posee la más mínima noción de lo que significa
moralidad y justicia».

Cándido Cabello Sánchez en *El Popular*. 19 de septiembre de 1911.

LUIS DÉVORA

La investigación detectivesca

SANTIAGO SASTRE

Hace tiempo alguien se puso en contacto conmigo para hablar sobre la prisión y la fuga de san Juan de la Cruz en Toledo. Era Luis Dévora, que terminaba de escribir su primer libro, sobre ese triste episodio toledano en la vida sanjuanesca. Es triste por lo que sufrió, pero eso le sirvió para profundizar en la relación con Dios a través del sufrimiento, para salir convencido de la necesidad de la reforma y para escribir algunos de los poemas más importantes de la literatura universal.

Casi siempre quedábamos en un sitio que tiene una importante significación en la experiencia toledana de san Juan de la Cruz: el jardín del Museo de Santa Cruz. Allí, sentados en un banco, nos entregábamos a la tertulia. De él siempre me llamaron la atención tres aspectos: 1. Su capacidad de organización para hacer cosas relacionadas con el mundo de la cultura. 2. Su visión del estudio como una investigación en la que hay que tirar de un hilo y atar cabos, como si se tratase de una tarea detectivesca. 3. Su dominio no solo del mundo de las letras sino de la ciencia. Siempre me alucinó su manejo de temas relacionados con la física y la astronomía. Y no solo eso, sino

explicar de forma didáctica algunos temas que parecen de difícil comprensión para quienes no están familiarizados con el mundo de la ciencia.

Es normal que Luis Dévora haya ido despuntando poco a poco en el mundo cultural toledano, a medida que ha organizado muchas actividades (incluso ha dado el paso de fundar una editorial) y ha ido publicando estudios relacionados con Toledo. De su carácter resaltaría dos notas: la bondad y la inquietud. Una bondad que le lleva a ser muy amigo de sus amigos y compartir su saber con ellos. Y una inquietud por escribir y organizar actividades relacionadas con Toledo, la ciudad que lo enamoró desde el primer minuto que paseó por sus calles.

En esta entrevista me interesa profundizar en las líneas de investigación que ha abordado en sus libros, para que sean más conocidas sus interesantes propuestas.

—*¿Cómo fue comprarte de repente una casa en Toledo, en la calle Núñez de Arce, que llamas la calle mística por su vinculación con Teresa de Jesús y Juan de la Cruz? ¿Qué fue lo que te atrajo de Toledo?*

—Podríamos resumir que fue Toledo quien me llamó a mí, y luego una vez aquí, me atrapó y cambió mi vida. Pasé de divulgar ciencia a investigar historia. El lugar donde resido en Toledo está lleno de historia y lleva habitado más de dos mil años. La calle Núñez de Arce, a la que llamo «La calle Mística», tiene una estadística anómala de creatividad que ninguna otra ciudad del mundo tiene. Aquí nacen las obras más importantes del misticismo de santa Teresa Jesús. Posiblemente aquí nace el poema de *la Noche Oscura del Alma* de San Juan de la Cruz porque fue en este lugar donde se refugió cuando escapó del Convento del Carmen de Toledo y, como dato curioso, esa noche de agosto era oscura porque había luna nueva. En esta calle también nacieron cuatro obras del Greco y fue residencia de Rodrigo Cota, el primer autor de *La Celestina*. Ya en el siglo XX fue morada de otro gran enamorado de Toledo como fue Santiago Camarasa y en este lugar también nacieron mis libros *El refugio la noche oscura* y *La Oca de Toledo*. Para mí es un lugar muy especial.

—*En tu libro* El refugio de la noche oscura *has investigado a fondo el asunto de la escapada de Juan de la Cruz en Toledo, después de que estuviera preso nueve meses en el convento de los carmelitas calzados Nuestra Señora del Carmen. Creo que tu principal aportación en esta investigación es la relación con el zaguán de la Casa de la Moneda, donde pasó esa noche; la identificación del guardés que le permitió refugiarse en ese sitio, y la vinculación de este episodio con las altas esferas, en concreto con el conde de Arcos y el monarca Felipe II. Te preguntaría sobre esto último ¿en qué sentido la reclusión del poeta místico podría afectar a las autoridades? Ya Felipe II había recibido alguna carta de Teresa de Jesús preguntando por el paradero de fray Juan, pero nadie sabía nada y parecía que el monarca no quería inmiscuirse en esta posible fractura de la orden carmelitana.*

—El reinado de Felipe II estuvo convulsionado por las revueltas

> **«Pasé de divulgar ciencia a investigar historia. El lugar donde resido en Toledo está lleno de historia y lleva habitado más de dos mil años».**

protestantes, la reforma de los descalzos, la amenaza del imperio otomano y la memoria reciente de la Reconquista. Además, el monarca no confiaba en el Concilio de Trento, pues intuía que sus reformas no serían tan rigurosas como las que él proponía. Por esta razón, antes de finalizar el Concilio, Felipe II pidió a Roma ejecutar su propia reforma religiosa. En 1560 la Corona ordenó a sus diplomáticos negociar una reforma para aplicarla en sus dominios, siempre bajo su control. Su reforma contenía medidas particulares para sus reinos y para los súbditos de la Corona. Pero el Concilio de Trento supuso una decepción para los planes de Felipe II. El Papa lo utilizó para reforzar su autoridad en perjuicio del rey y esto provocó un enfrentamiento diplomático con Roma que se prolongó durante años.

El monarca, que quería el control de la reforma religiosa en sus territorios, decidió sacar provecho de la reforma de los Descalzos, favoreciéndola para conseguir que se cumplieran las aspiraciones de su reforma. Felipe II se interesó en la orden del Carmen a partir de 1564. El rey negoció para influir en las decisiones pontificias e intervino en los órganos internos de las órdenes para introducir su propuesta de reforma nacional. La reforma de la orden del Carmen era considerada como una fuerza espiritual nueva que conectaba perfectamente con los ideales religiosos de la Corte, y por eso el 8 de junio de 1568 Felipe II escribía a Juan de Zúñiga, embajador en Roma: «*De lo que hasta agora se ha visto resultan tales cosas, especialmente en la del Carmen, que verdaderamente paresce no tienen remedio ninguno [...] es verdadera reformación extinguir la dicha Orden del Carmen y poblar sus monesterios de otros religiosos*».

Posteriormente, en 1576, el consejero del rey, Juan Calvo de Padilla, en un memorial para la reforma del Carmen presentó cinco alternativas que ponían la reforma en manos de los Descalzos. Para ello argumentó: «*Apartar los unos de los otros*», y «*que los Descalços vayan criando los novicios y los Calçados no resciban más; y así como se vayan consumiendo, vayan los Descalços entrando en sus casas*».

Otro dato importante que encontramos es que el monarca el 14 agosto de 1578 decide entrevistarse con el carmelita descalzo Jerónimo Gracián para tratar el asunto de la reforma de los mitigados, curiosamente días antes que Fray Juan escapara de la cárcel conventual del Carmen.

Como podemos observar, cuando se produce la fuga de Fray Juan, las ideas reformadoras de los descalzos promovida por Teresa Sánchez de Cepeda Dávila y Ahumada y Juan de Yepes, estuvieron apoyadas por el rey y se oponían a la de los calzados, respaldados por el Papa, empeñados en evitar la separación de la orden en dos grupos. La intromisión de la corona en las decisiones pontificias puso en evidencia la vulnerabilidad de la institución de la Iglesia y el enfado del Papado. Todos estos intereses encontrados provocaron en un principio el bloqueo de cualquier plan reformista. Santa Teresa lo sabía, como todos sus contemporáneos, pero vio en el rey el hombre idóneo para su misión. Los dos tenían un mismo propósito, aunque con posibilidades diferentes. Santa Teresa desde dentro de la Iglesia Católica, reformando el Carmelo desde la humildad, la penitencia y la pobreza; y el rey desde un marco político y diplomático al servicio de la Reforma que quería implantar. Aunque la entrevista entre Santa Teresa y Felipe II nunca llegó a producirse, las leyendas que circulaban por la España de principios del XVII no ponían en duda

> **«Aunque la entrevista entre Santa Teresa y Felipe II nunca llegó a producirse, las leyendas que circulaban por la España de principios del siglo XVII no ponían en duda la relación personal entre el monarca y la religiosa».**

la relación personal entre el monarca y la religiosa. Lo que sí podemos afirmar es que existió una relación entre Santa Teresa y el monarca por medio de cuatro cartas que todavía se conservan. En ellas se puede verificar la gran estima que le profesaba y la confianza que la reformadora del Carmelo tenía depositada en el monarca.

Aunque no se tiene constancia de que Felipe II respondiera a ninguna de sus cartas, esto no significa que sus peticiones no fueran atendidas. Tal y como se desarrollaron los acontecimientos, el monarca resultó providencial para la supervivencia de los descalzos en el conflicto. Tampoco tenemos noticias de que el monarca realizara ninguna gestión para liberar a San Juan de la Cruz, pero la curiosa declaración de Magdalena del Espíritu Santo referida al *Cántico*, la estrecha relación del rey con el Conde de Arcos, tesorero de la Casa de la Moneda, y el momento histórico de máxima tensión entre el poder del rey y el Papado, parecen indicar que no es descartable que el Conde de Arcos sí hubiera tenido noticias de la fuga de Fray Juan y ayudara al religioso dándole cobijo, dada su buena relación con el monarca. Tal vez, si esto fue lo que ocurrió, Fray Juan sopesaría mucho contar lo ocurrido; o tal vez nunca lo contara porque podía comprometer al Conde de Arcos, al rey y, en definitiva, a la reforma de los Descalzos.

La descripción del lugar donde se refugió San Juan de la Cruz la podemos encontrar en las declaraciones de los testimonios, que apuntan a la Casa de la Moneda de Toledo, actual calle Núñez de Arce, 12. A la mañana siguiente llega al convento de las carmelitas descalzas, ubicado en frente la Casa de la Moneda, pero las monjas consideran que Juan de la Cruz no debería pasar la noche en esas condiciones. Lo que sabemos, gracias a Pedro González de Mendoza, canónigo de la catedral de Toledo, es que el

fraile fue llevado a recuperarse al Hospital del Santa Cruz. Qué curioso: ahora está curándose las heridas a escasos metros del sitio donde se las hicieron. ¿Por qué no acudieron sus secuestradores a recuperarlo? ¿Estaba protegido por Felipe II?

—*Has escrito el volumen* La Oca de Toledo. *¿Qué fue lo que te llevó a ver Toledo como el escenario del tablero de este juego? Qué responderías si alguien te dice que se trata de una reconstrucción que no tiene una apoyatura en la realidad, aunque coincidan muchos elementos (pozo, cárcel, etc, como tienen muchas otras ciudades). En todo caso me parece que es una interesante manera lúdica de explicar la historia de Toledo.*

—El juego de la Oca tiene un origen incierto. Algunos investigadores apuntan a la antigua Grecia y otros en cambio lo atribuyen a los templarios. La ciudad de Toledo disponía de los componentes idóneos para los templarios, la existencia de una guerra santa contra los infieles y la posible presencia de objetos de poder, como la Mesa de Salomón. Pero la Orden del Temple en Toledo tiene una peculiaridad, los indicios de su presencia no está confirmada por documentos, sino por la simbología que deja-

«La presencia de la Orden del Temple en Toledo no está confirmada por documentos sino por la simbología que dejó en la ciudad».

ron en la ciudad. Uno de los posibles motivos de esta peculiaridad es que el Reino de Castilla disponía de sus propias órdenes militares y algunos de sus miembros pertenecían a la nobleza. Dar cierto poder a una orden militar extranjera hubiera ocasionado graves problemas a la corona. Lo que es seguro es que el juego de la oca guarda un valor simbólico, donde abundan claves y misterios espirituales. Posiblemente se creó con la finalidad de hacer un mapa que pudiera guiar a todos, sin importar las diferencias entre los distintos idiomas o si sabías leer o escribir y para ello se utilizaron los símbolos y las ilustraciones.

El casco histórico de Toledo presenta unas curiosas coincidencias con un tablero de la Oca. La ubicación de los puentes estratégicamente ubicados en el exterior de la ciudad, pero relativamente cercanos el uno del otro, como ocurre en cualquier tablero de la Oca. La existencia de una posada, como la Posada de la Sangre, que no solo fue la elegida por la Orden de Toledo sino que además se localiza en un lugar repleto de bares y restaurantes. La ciudad también tiene un pozo y una calle dedicada a ello, la calle del Pozo Amargo, que además guarda una leyenda que presenta una conexión simbólica con el pozo del juego de la Oca. Tampoco podemos olvidarnos de la casilla del Laberinto. Aunque el casco histórico es un fascinante laberinto formado por calles, callejuelas y callejones imposibles, cuando deambulamos por los cobertizos uno siente que verdaderamente está inmerso en el corazón de un laberinto, donde el tiempo se detiene. Por otro lado, en la ciudad también encontramos una similitud con la casilla de la cárcel, casilla 52, ubicada en las mazmorras de la Posada de la Hermandad. La ciudad posee incluso una calle dedicada a la muerte, el callejón de los Muertos. Esta calle rodea a la iglesia de San Andrés, donde en su interior reposan curiosamente cincuenta y ocho momias, el número de la casilla de la muerte en cualquier juego de la Oca. Una coincidencia sorprendente. Y para terminar, el jardín de la Oca siempre se ubica en el centro del tablero. Solo hay que observar el mapa del casco histórico de Toledo para comprobar que en el centro de la ciudad se encuentra una de las catedrales góticas más impresionantes del mundo, la catedral de Toledo. ¿Curiosidades? ¿Coincidencias? ¿Es Toledo un verdadero tablero de la Oca? Pues posiblemente nunca encontraremos la respuesta a estas preguntas porque no existen documentos que verifiquen esta posibilidad. No obstante, estas curiosas coincidencias me han permitido escribir un libro que tiene como principal objetivo enseñar la historia y el patrimonio material e inmaterial de nuestra ciudad de una forma lúdica y para todos los públicos.

—*Eres también divulgador científico y has publicado el libro* Multiversos giratorios. *Alabo tu capacidad para entender estos temas de ciencia pura, que habitualmente son difíciles de asimilar, y tu admirable pedagogía para que el lector los pueda comprender. En relación con esta cuestión te preguntaría por qué crees que hay más de un universo. Y también supongo que estarás a favor de que hay vida más allá de nuestro planeta.*

—La posible existencia de otros universos giratorios es una hipó-

tesis que planteé hace diez años. Actualmente algunos físicos continúan aportando datos sobre la existencia de otros universos pero debemos ser cautelosos ante esta posibilidad. Debemos tener en cuenta el momento histórico científico en el que nos encontramos, porque, aunque la ciencia ha avanzado mucho, todavía el 95% de la composición del universo es desconocida, es lo que denominamos materia oscura y energía oscura. La idea de otros universos no es nueva y en ocasiones la respuesta que nos encontramos es todavía más increíble. Por ejemplo, durante la década de 1920, los científicos debatían sobre el tamaño del universo y la naturaleza de las llamadas nebulosas. Algunos científicos defendían que eran objetos gaseosos situados dentro de nuestra galaxia y que esto era todo lo que había en el universo, mientras que otros defendían que eran sistemas estelares similares a la Vía Láctea, «universos islas», que se veían difusos por su lejanía. Este debate se zanjó gracias a Hubble que, usando la relación obtenida por Henrietta Leavitt, midió la distancia a la nebulosa de Andrómeda, la única visible a simple vista desde el hemisferio norte. El valor obtenido por Hubble fue mucho mayor que el tamaño de la Vía Láctea, demostrando con ello que no eran otros universos sino la existencia de otras galaxias. Las consecuencias de este descubrimiento: aumentaba de manera dramática el tamaño del universo.

Por otro lado la existencia de vida más allá de nuestro planeta es estadísticamente lo más probable. Prácticamente la totalidad de la comunidad científica apuesta a que no estamos solos en el universo. El ser humano es un recién nacido en la búsqueda de vida extraterrestre, pero gracias a los progresos científicos y tecnológicos se aborda el tema de la vida en otros planetas con mayor rigor, lo que ha generado una disciplina científica denominada astrobiología. Pero disponemos todavía de muy pocos datos que impiden establecer incluso una definición correcta de lo que es la vida. Debemos tener en cuenta que es mucho más fácil mantener la vida que generarla. La vida es a la vez frágil y tenaz, y solo surge cuando se reúnen ciertas condiciones. Por ejemplo, la

> **«La comunidad científica apuesta a que no estamos solos en el universo. El ser humano es un recién nacido en la búsqueda de vida extraterrestre».**

_____

vida somete a nuestro planeta a un ajuste permanente, sin vida nuestro planeta perdería su equilibrio y no se distinguiría mucho de Marte. Una vez que la vida ha conquistado un lugar puede moldearlo y adaptarse a los cambios para mantenerse el mayor tiempo posible.

Si queremos encontrar vida fuera de nuestro planeta, nunca deberíamos descartar la posible existencia de una vida totalmente diferente a la conocida en la Tierra. Todavía no hemos sido testigos de la evolución de otras biosferas y por lo tanto no sabemos lo que es posible y lo que no. El obstáculo principal es la posibilidad de que la vida en otros planetas sea muy diferente y que por ello interactúe con su entorno de una forma inesperada. La vida ha podido evolucionar de manera independientemente a partir de estructuras ancestrales

distintas y con procesos de desarrollo diferentes. Por ejemplo, los ojos de los pulpos y de los vertebrados son muy parecidos pero evolucionaron de manera independiente, es lo que se conoce como evolución convergente. En nuestro planeta se ha encontrado vida en lugares donde nadie lo habría imaginado hace décadas. Los extremófilos son ejemplos vivos de cómo la vida podría haber evolucionado en otros planetas sin la necesidad de un vergel de condiciones favorables. En nuestro planeta también se han encontrado bacterias capaces de respirar metales en vez de oxígeno, o usar el hidrógeno molecular como fuentes de energía. En otros lugares del universo la vida podría ser tan diferente a la que conocemos que podríamos encontrar biomarcadores muy diferentes a lo esperado.

El tema de la vida en otros planetas también la podríamos tratar desde un punto de vista filosófico. ¿Qué entendemos cómo vida? Pues te sorprenderá saber que actualmente no existe una definición que agrade a la comunidad científica y podemos encontrar más de cien definiciones, que en su mayoría giran en torno a atributos como metabolismo y reproducción. Para Carl Sagan una propiedad exclusiva era la evolución y por lo tanto la inteligencia artificial entraría dentro, debido a que puede replicarse con variaciones y evolucionar bajo selecciones virtuales. Pero aunque la evolución darwiniana se encuentre íntimamente ligada al desarrollo de la vida, no parece suficiente para poder definirla y reconocerla. La vida podría tener propiedades que se encuentren por separado fuera de ella. Por ejemplo, la reproducción, característica de la vida, también la encontramos en los cristales y estos no tienen vida. Por otro lado, los virus no son células, no tienen metabolismo, y se mantienen inertes hasta que encuentran una célula. Solo conocemos un tipo de vida, la que surgió en nuestro planeta. Para tratar de llegar a una definición universal de la vida será necesario encontrar vida en otros planetas.

—*Tu último libro ha sido sobre una casa muy importante, de gran trascendencia en la historia de nuestra ciudad, que es la Casa de la Moneda, donde tiene su sede actualmente el Consejo Consultivo de Castilla-La Mancha. De todo lo que has estudiado y descubierto de esa casa, ¿qué es lo que más te ha llamado la atención? Me impresiona la interdisciplinariedad de tu es-*

«Cuando realizo una investigación, analizo el contexto histórico, los datos geológicos, testimonios, la arquitectura o la arqueología, que me aportan muchas pistas».

tudio porque te ha llevado a manejar la historia, la geología, la arqueología, la literatura y otras disciplinas.

—Lo más sorprendente es la anomalía estadística de creatividad que existe en el lugar. No he encontrado otro lugar en el mundo que ocurra esto. En esta calle, a la que llamo «La Calle Mística», florecen, en un espacio reducido, obras literarias y lienzos de reconocido prestigio. Un ejemplo de ello son *Las moradas* de Santa Teresa de Jesús, la *Noche oscura del alma* de San Juan de la Cruz o los lienzos de la capilla de San José pintados por el Greco. También en este lugar nace *La Celestina*, escrita por Rodrigo Cota y terminada por Fernando de Rojas. En la sede del actual Consejo Consultivo de Castilla-La Mancha vivieron en siglos anteriores personajes como Moravito Abadalla, líder y maestro religioso en época taifa, la poderosa familia Alfon Cervatos, el tesorero Alonso Cota y su hijo Rodrigo Cota, posteriormente fue Ceca de Toledo y tras su desaparición estuvieron Pedro Robles Gorbalán, uno de los hombres más ricos e influyentes de la ciudad de Toledo en el siglo XVII, Juan Antonio Domínguez, uno de los artífices españoles más importantes de la primera mitad del siglo XVIII o Santiago Camarasa ya el en siglo XX.

Cuando realizo una investigación tengo en cuenta muchos factores y analizo el contexto histórico, los datos geológicos, testimonios, la arquitectura o la arqueología que me aportan muchas pistas para sacar conclusiones. Estas investigaciones son muy parecidas a las que realizan los policías actualmente, que entrevistan a los testigos y buscan pruebas en el lugar del crimen. En una investigación de la historia los testigos son encontrados en los manuscritos, los juicios, o testamentos de la época. Por otro lado las pistas o indicios se pueden encontrar en los estudios arqueológicos y arquitectónicos del lugar. Si testimonio, arqueología y arquitectura coinciden es un buen indicio para encontrar

«Rodrigo Cota fue el primer autor de La Celestina, y no solo lo digo yo, también la gran mayoría de contemporáneos de la época».

respuestas en las investigaciones de este tipo.

—*Supongo que te reafirmas en que Rodrigo de Cota, que vivió en la Casa de la Moneda, fue el autor del primer acto de La Celestina. Y yo me atrevería a preguntarte si compartes conmigo que algún judío converso toledano de aquel siglo XV debió de ser el autor del Lazarillo. ¿No te atrae indagar en la autoría del Lazarillo?*

—Rodrigo Cota fue el primer autor de la Celestina, y no solo lo digo yo, también la gran mayoría de contemporáneos de la época. Desde la publicación de *La Celestina* en 1500, numerosos historiadores e investigadores han atribuido la creación de la obra a Rodrigo Cota, al encontrar grandes diferencias entre el primer acto y el resto de la obra. El experto en estilos Juan de Valdés, autor de uno de los primeros cánones de nuestra literatura en su *Diálogo de la Lengua*, compuesto en torno a 1535, y contemporáneo de Rojas, manifestó que no fue el mismo autor el que empezó el libro y quien lo terminó. El propio Fernando de Rojas declaró que se lo encontró ya escrito, señalando a Rodrigo Cota como posible autor. En una biografía sobre César Borgia, publicada en 1878, se encuentra una interesante y muy antigua referencia a la autoría por Cota de *La Celestina*. El autor de la investigación, Edoardo Alvisi, al hablar de las celebraciones que tuvieron lugar en Roma, en diciembre de 1501, para celebrar el tercer matrimonio de Lucrecia Borgia con Alfonso d'Este, escribió: «*El Papa, el duque, los cardenales ofrecieron representaciones en honor de los invitados (de aquellas églogas pastorales entonces en boga en la corte española), sobre todo la Celestina de Rodrigo da Cota*».

También en el siglo XVI, Francisco del Canto, editor del *Diálogo entre el Amor y un Viejo*, en Medina del Campo en el año 1569, escribía: «*Hecho por el famoso autor Rodrigo de Cota, el Tío, natural de Toledo y el qual compuso la Égloga que dicen de Mingo Revulgo y el primer auto de La Celestina*». Incluso Tomás

Tamayo de Vargas, cronista Real de Castilla, fue más explícito, señalando: *Rodrigo Cota escribió la* Scelestina *estando en Torrijos, debajo de unas higueras de las casas de Tapia*».

Yo creo que *La Celestina* la escribió Rodrigo Cota siendo morador del edificio que actualmente conforma el Consejo Consultivo de Castilla-La Mancha por varios motivos. Aunque la primera versión escrita es de 1500, estimamos que la obra se escribió antes de 1492 porque me parece extraño que no se mencione nada de la conquista de Granada y del descubrimiento de América en la obra, dos grandes acontecimientos que marcaron nuestra historia y como he comprobado en la información que nos apor-

ta el pleito de 1488 de los herederos de Alonso Cota con el doctor Villalpando, en esa época Rodrigo Cota vivía en la actual calle de Núñez de Arce. En las primeras ediciones, en muy pocos casos encontramos el nombre de Fernando de Rojas como único autor. Fue en el siglo XIX con el Romanticismo cuando *La Celestina* se reedita bajo la autoría de Fernando de Rojas como único autor. La importancia que dio este movimiento cultural al genio creador, al poeta como demiurgo, idealista e individualista, su exaltación del «yo» autoral, hizo que se adjudicara la obra a Fernando de Rojas. Esta es la idea que ha llegado hasta nuestros días, pero como hemos visto, los contemporáneos de la

L

obra siempre señalaron a Rodrigo Cota como primer autor.

Respecto a la autoría del *Lazarillo* sería una investigación muy interesante pero en mi caso las investigaciones las empiezo cuando algún personaje histórico «llama a mi puerta» de la curiosidad. El *Lazarillo* todavía no ha llamado.

—*Eres el presidente de la Sociedad Española para la Conservación del Patrimonio Cultural. Me gustaría me hablaras un poco de esta sociedad, de los fines que persigue y las actividades que realiza.*

—La Sociedad Española para la Conservación del Patrimonio Cultural nace con el objetivo de agrupar a un conjunto de personas interesadas en estudiar, preservar y difundir los valores del patrimonio cultural de España, apoyando la diversidad cultural y el desarrollo del diálogo intercultural. Por este motivo, la SECPC promueve la preservación y el estudio del patrimonio histórico y cultural español, organizando y promoviendo actuaciones de conservación, difusión y puesta en valor de elementos patrimoniales, materiales e inmateriales, fomentando la importancia de proteger nuestro legado para las generaciones presentes y futuras. Hemos firmados acuerdos de colaboración con la Asociación Española de Pintores y Escultores, fundada en 1910 y declarada por Real Orden de «Utilidad Pública con carácter de Benéfica y Honores de Corporación Oficial», con la Asociación Amigos de los Patios de Toledo y recientemente hemos firmado un ambicioso proyecto, que se concretará en un libro y una serie audiovisual que reconstruye el apasionante itinerario histórico y vivencial de los sefarditas, judíos españoles tras el edicto de expulsión. El telón de fondo es el proceso de reconocimiento de la nacionalidad española a los descendientes de sefarditas, programado en Sefarad 92, pero puesto en marcha, jurídica y administrativamente desde 2015. Apostamos por la divulgación rigurosa de la transmisión cultural, así como por la reconciliación y la cultura de paz, tan necesarias en el siglo XXI.

Por otro lado, hemos tenido que abrir una nueva delegación en Córdoba y nos han ofrecido abrir

«Apostamos por la divulgación rigurosa de la transmisión cultural, así como por la reconciliación y la cultura de paz».

C

delegaciones en otras ciudades. El próximo año tendremos una agenda muy apretada. Por ejemplo los días 30, 31 de mayo y 1 de junio se celebrará el *I Congreso Córdoba, Ciudad Legendaria,* los días 19, 20 y 21 de septiembre el *IV Congreso Toledo Ciudad Mágica* y en Madrid una gestora cultural nos ha ofrecido realizar veinticinco conferencias con expertos en el patrimonio cultural material e inmaterial.

—*¿Cómo fue meterte también a editor al crear la editorial Universo oculto?*

—Antes de editor fui escritor y me di cuenta de los problemas que tenían los autores. Con el objetivo de respetar a los autores y darles el protagonismo que se merecen, inicié mi aventura editorial. Mi misión es actuar como «matrona» ante el nacimiento de una nueva obra. Durante este periodo he aprendido mucho, he conocido a grandes autores, editado libros y revistas, organizado congresos y conferencias científicas, pero también tengo otros proyectos y uno de ellos es fomentar la lectura a personas con discapacidad intelectual o de desarrollo.

—*Todos los años organizas un congreso, con mucho éxito de público, en el que se abordan temas de la historia de Toledo. Y en especial diría que tienen mucha fuerza los asuntos que vinculan Toledo con el misterio, que es la puerta de entrada quizá a lo heterodoxo. Tengo curiosidad en saber cómo compa-*

---

ginas tu mentalidad científica con la apertura a ciertos temas que no parecen tener un asidero empírico, que se mueven en el mundo de las creencias y las leyendas. Me gustaría saber cómo ves esta cuestión.

—Toledo acogió a los más grandes eruditos de la Edad Media y fue puente para la transmisión de la ciencia y la cultura de Oriente a Occidente. Alfonso X y la escuela de traductores convirtieron a Toledo en un centro del saber, como fueron en otras épocas Alejandría o Bagdad. Nuestro deber no es adorar las cenizas sino mantener el fuego. Con esta idea nació el Congreso Toledo Ciudad Mágica.

Si te adentras en el misterio, es decir, en lo desconocido, respetando a la ciencia, es posible que se abran nuevas puertas al conocimiento. ¿Puede la ciencia explicar todo? Lo primero que debemos de tener en cuenta es que al definir algo también lo estamos limitando. Por ejemplo, el término de «Dios» cada religión lo define de una manera y por lo tanto se limita el concepto y surgen las interpretaciones y los problemas. ¿Puede la ciencia explicar qué es Dios? Creo que somos una especie limitada, y eso debemos asumirlo. Observamos nuestra realidad en una longitud de onda determinada, el llamado espectro visible, que abarca las longitudes de onda comprendidas entre 380 a 750 nm. Nuestro cerebro realiza una interpretación de lo que perciben nuestros sentidos y aunque no lo notemos, estas señales no llegan a la vez a nuestro cerebro. Por ejemplo, si tirarnos un vaso al suelo y se rompe, la señal recibida por nuestros ojos llega antes que la del sonido percibido por nuestros oídos. La velocidad de la luz es aproximadamente de 300.000 km/s y la del sonido viaja a unos 340 m/s, pero nuestro cerebro en milésimas de segundos interpreta esa información para intentar explicar nuestra realidad. Con estas limitaciones que tiene el ser humano, algunos conceptos creo que no podrán ser explicados por la ciencia, pero no significa que no existan. Si preguntamos a un gato la raíz cuadrada de 625, para el gato no existen las matemáticas, pero el ser humano, que es una especie más avanzada, sí conoce las matemáticas. Con el término de «Dios» y con otros conceptos creo que nos ocurre como al gato con las matemáticas.

La intensidad de lo cotidiano. Imagen de Toledo en la novela *Llévame a casa*, de Jesús Carrasco

JUAN CARLOS PANTOJA RIVERO

Jesús Carrasco (Olivenza, Badajoz, 1972) es uno de los novelistas actuales que mejor refleja el medio rural y la vida de las personas que a este se vinculan. Se dio a conocer en el año 2013 con su genial novela *Intemperie*, imprescindible si se quiere estudiar el panorama actual de la narrativa española, en la que la dureza de un paisaje inhóspito e inhumano se convierte en uno de los principales protagonistas, tal y como nos da a entender el título de la novela. Posteriormente, *La tierra que pisamos* (2016) incide en la fuerza del medio y la manera en que este influye en quienes lo habitan. También los pueblos pequeños se convierten en el marco geográfico de sus otras dos novelas: *Llévame a casa* (2021) y la última publicada, *Elogio de las manos* (2024).

En *Llévame a casa* (objeto de nuestro análisis), la acción trans curre principalmente en un pueblo imaginario de la provincia de Toledo llamado Cruces, que se encuentra en el entorno de Torrijos y, por lo tanto, a mitad de camino entre Toledo y Talavera de la Reina, los dos núcleos urbanos que actúan como referentes de los personajes, el primero más que el segundo. Cruces se encuentra a ocho kilómetros de Torrijos, según dice el narrador, quien cita en diversas ocasiones otros pueblos del entorno, como Rielves, Barcience, Santa Olalla, Maqueda o Burujón, entre otros. No es nuestro propósito dilucidar aquí qué pueblo se esconde tras el nombre ficticio de Cruces, pero la distancia y el tipo de carretera nos podrían conducir a Alcabón: «*La carretera que une Cruces con Torrijos es una recta de ocho kilómetros*» (pág. 43). Exactamente igual es el recorrido entre Alcabón y Torrijos.

No nos vamos a centrar, sin embargo, en el análisis de la ima-

El Toledo que se nos muestra en la novela de Carrasco *no es el que bulle de turistas y se nutre de ellos, no es la ciudad histórica y artística plagada de bellezas y de monumentos; es la ciudad del día a día de sus habitantes.*

gen de estos pueblos, ni siquiera de Cruces que, por otro lado, muestra su dependencia de los municipios más poblados, principalmente Torrijos y, en un segundo plano, pero estrechamente vinculado a gestiones de todo tipo más propias de las ciudades, Toledo, que será un referente a la hora de acudir a citas médicas con especialistas o al propio hospital Virgen de la Salud, y de gestionar el papeleo necesario en las oficinas de la Seguridad Social, aparte de algunas otras actividades de carácter más lúdico o de ocio ligadas a la capital de la provincia. Nuestro propósito, pues, es analizar cómo se nos muestra la ciudad de Toledo en esta novela cuya acción se desarrolla en la época actual y en unos lugares que pertenecen a la cotidianidad de sus habitantes: el Toledo que se nos muestra en la novela de Carrasco no es el que bulle de turistas y se nutre de ellos, no es la ciudad histórica y artística plagada de bellezas y de monumentos, no es tampoco ese

patrimonio de la humanidad que atrae a las gentes de todo el mundo; es la ciudad del día a día de sus habitantes, el punto de referencia de quienes, desde los pueblos de los alrededores, necesitan acercarse a la capital para mil trámites o, simplemente, para pasar allí el día y disfrutar de lo que esta ofrece a los ciudadanos.

Encontramos tres perspectivas principales en la presencia de Toledo en la novela: la primera es la que se vincula con el hospital y las visitas médicas que debe llevar a cabo el protagonista, Juan, con su madre, y que comportan, también, una serie de gestiones en las oficinas de la Seguridad Social. Unidos a esta perspectiva se encuentran el transporte, fundamentalmente el autobús, tanto urbano como interurbano, y el complicado acceso al casco histórico de la ciudad. La segunda perspectiva se relaciona con actividades de tipo lúdico, concretamente una visita en familia a algunos monumentos y la parti-

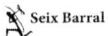
Seix Barral

Jesús Carrasco
Llévame a casa

cipación de Juan y su amigo Fermín en la carrera del día de San Silvestre. La tercera perspectiva se asocia con las posibilidades de estudio y trabajo en el entorno de Cruces, que remiten siempre a Toledo y Talavera.

La primera de estas tres miradas a Toledo que se plantea en la novela la encontramos ya en la página inicial, en la que se narra la vuelta de Juan a Cruces desde Edimburgo, donde trabajaba como jardinero, con motivo de la muerte de su padre. Allí leemos: «*Su padre en un hospital de Toledo, separado del compañero de*

habitación por una endeble cortinilla de tela tiesa, y él, a dos mil cuatrocientos kilómetros al norte de su cama, recogiendo pétalos caídos sobre el suelo oscuro» (p. 9). La referencia solo sirve para ubicarnos en la ciudad, al tiempo que muestra uno de los temas principales de la novela: el del distanciamiento de Juan y su existencia al margen de su familia que, tras la muerte del padre, dará un giro radical y le llevará a reintegrarse de nuevo en la vida de Cruces y en el trajín constante desde el pueblo a la capital de la provincia.

Precisamente la muerte del padre será el punto de partida de la inmersión de Juan en la realidad del pueblo y de su dependencia de Toledo. El protagonista tenía previsto volver a Edimburgo lo antes posible, pero su hermana Isabel le hace descender a la realidad y le carga con la responsabilidad del cuidado de su madre, enferma de Alzheimer: durante la prolongada ausencia de Juan, Isabel, que vive en Barcelona, ha sido la única persona que se ha ocupado de los padres. Ahora le toca a él.

Las visitas médicas de la madre de Juan e Isabel nos llevan a la realidad cotidiana del entorno hospitalario de Toledo. Así, tras el entierro del padre, Isabel se

vuelve a Barcelona y le deja a su hermano una cuartilla pegada con un imán en la puerta del frigorífico: «*Mamá tiene cita con el médico el lunes 30 de agosto a las 9.30. Doctor García Colchero, consulta 14 de cardiología en el Centro de Especialidades de Toledo. Sus papeles están en una carpetilla azul que hay en la librería del salón*» (p. 143). Nos situamos, pues, para empezar, en un Toledo que no es el del turismo, sino el que ha crecido más allá de las murallas, el de los servicios a los ciudadanos y, por lo tanto, el del día a día. El Centro de Especialidades, en la avenida de Barber, continuación natural de la carretera que conduce a Cruces, será el primer contacto con la ciudad en la nueva vida toledana de Juan, y esa perspectiva le plantea a este algunos problemas, sobre todo en lo tocante a su desplazamiento, ya que no tiene coche y el que tenía su padre lleva tiempo sin funcionar: «*Se acerca al coche y lo observa con más atención que el primer día. Lo ve como una pieza de anticuario (dinero) o como una reliquia familiar (memoria) pero no es capaz de imaginárselo como medio de transporte*» (p. 199). La vida se le complica:

En tres semanas, sin ir más lejos, tiene que ir a Toledo con su madre y recorrer la ciudad, desde la parte nueva hasta la vieja, yendo de un sitio a otro en autobús. Reza para que todo fluya, que no haya esperas excesivas y que puedan superar los dos trámites. De lo contrario, tendrán que regresar otra vez a la capital. Volver a dedicar el día entero a un viaje tan corto (p. 199).

El complicado trazado urbano de Toledo y la disposición de las zonas modernas se transluce en las palabras que transcribimos, con ese ir y venir de la parte nueva a la vieja, dependiendo en todo momento del autobús. Pero también nos muestra una estampa propia de la vida cotidiana en la ciudad, aunque pequeña, activa y en continuo movimiento. En contraste con la tranquilidad del pueblo, el trasiego de autobuses y el miedo a no tener tiempo suficiente para terminar todos los trámites y tener que volver a lo mismo se conforma como

En tres semanas tiene que ir a Toledo con su madre y recorrer la ciudad, desde la parte nueva hasta la vieja, yendo de un sitio a otro en autobús.

Jesús Carrasco

un gran problema para el protagonista. El día del viaje, la imagen de Toledo se hace real y consistente, perfectamente reconocible para cualquier toledano que se mueva por la ciudad como un ciudadano más, lejos del trasiego incesante de los turistas y de los grupos con guía y paraguas de colores llamativos: es la imagen de una ciudad cualquiera en un día cualquiera:

El autobús de línea los deja en una gasolinera que hay a la entrada de Toledo. Es la madre la que indica a Juan cómo llegar hasta la consulta del cardiólogo, a cinco minutos caminando desde allí. Son las nueve de la mañana y el termómetro que hay frente a la gasolinera marca ya veinticuatro grados. Caminan por la acera, buscando las sombras de los ailantos y las falsas acacias. Juan lleva en una mano la carpetilla con los papeles. Ese es todo el equipaje para el día. Médico, Seguridad Social y vuelta a Cruces en el autobús de las dos y cuarto (p. 209).

Lo cotidiano se nos hace visible y nos muestra una ciudad que no parece tener nada que ver con la historia antiquísima que la hizo conocida y estimada en todo el mundo, una ciudad común, con sus gasolineras, sus termómetros callejeros, sus avenidas arboladas, sus centros de salud y sus oficinas de la administración del Estado. Casi todo lo que se describe es real y existe en los lugares a los que se refiere el narrador: la gasolinera a la entrada de Toledo viniendo por la carretera de Ávila (y, por tanto, también de Torrijos y Cruces), los árboles de la avenida de Barber. Y hasta las circunstancias se muestran familiares y muy realistas: los cinco minutos que separan la gasolinera del Centro de Especialidades y el calor inhumano de los veranos toledanos, con esos veinticuatro grados a las nueve de la mañana que invitan a buscar la sombra, como hacen Juan y su madre. El realismo descriptivo del que hace gala Carrasco continúa en el momento en que madre e hijo llegan frente al centro de salud: «*El Centro de Especialidades está en un edificio de ladrillo, junto al Tajo. Entran por una puerta que dice consultas*» (p. 209). El autor no imagina un lugar indefinido donde ubicar los movimientos de los personajes, no describe una ciudad inventada, no toma como re-

> **Nos muestra una ciudad que no parece tener nada que ver con la historia antiquísima que la hizo conocida y estimada en todo el mundo.**

ferente el nombre de Toledo y luego nos lleva a una ciudad impersonal (como muchas veces sucede en las novelas, situadas en lugares reales pero apenas descritos en su realidad interior): el edificio de ladrillo es real y contundente, y su cercanía al río Tajo, también; bastaría con volver hacia la gasolinera y caminar otros cinco minutos más para encontrarse con el cauce.

El plan de ese día de médico y gestiones llevará a los personajes a desplazarse a la parte vieja de la ciudad, donde se encuentra la dirección provincial de la Seguridad Social, para lo cual deberán coger un autobús que les deje en el centro: «*Van sentados en el autobús urbano que asciende hacia el casco viejo, donde tienen su cita en la Seguridad Social. En las aceras los peatones van de sombra en sombra*». Seguimos percibiendo el realismo y la naturalidad de lo cotidiano, y el relato nos muestra el acceso difícil a la ciudad, siempre cuesta arriba, e insiste en el calor característico del verano toledano, al mostrar de pasada a los viandantes buscando la sombra para evitar la fiereza del sol. Ya previamente Isabel (en la imaginación de Juan, que rehace las posibles palabras de su hermana) había aludido a la dureza de la capital y a la necesidad de proteger de ella a la madre: «*A ser posible, hazte con un coche. No la cargues con esperas en paradas de autobús, a la intemperie, ni con caminatas por las cuestas de Toledo*» (p. 213). Y el temor a perder el autobús del pueblo y verse obligado a quedarse hasta avanzada la tarde en la ciudad, con su madre de un lado a otro (contraviniendo las advertencias de Isabel) se hace más real ante el retraso de las gestiones: «*A pesar de tener la cita previa concertada a las 11:35, no han sido atendidos hasta las doce*» (p. 221). En la sala de espera de la Seguridad Social, Juan imagina cómo podría rellenar todas esas horas hasta el siguiente autobús, que sale a las siete de la tarde: «*Cinco horas con su madre por Toledo. Podrían ir a visitar un museo o la catedral, pero es agosto y, a mediodía, estará todo cerrado*» (p. 221). La ciudad se vuelve incómoda e inaccesible: ni los monumentos pueden servir de asilo ante la hipótesis de un retraso excesivo en la resolución de las gestiones. Y de nuevo agosto, con sus calores y con la paralización de la vida que estos traen consigo.

La espera en las dependencias oficiales se presenta también como un rasgo más del realismo y de la vida diaria, con la impaciencia de los ciudadanos, el retraso de las citas y el paisaje desolador que rodea esa espera a menudo angustiosa: «*Los dos sentados, de nuevo, en sillas de plástico. [...] La zona de espera está llena de gente como ellos. Muchos con el tique de turno en la mano*» (p. 221). A Juan le llama la atención la llegada de un hombre mayor con

La ciudad se vuelve incómoda e inaccesible: ni los monumentos pueden servir de asilo ante la hipótesis de un retraso excesivo en la resolución de las gestiones.

su hija y rellena el tiempo impreciso de la espera contemplando a la pareja: la torpeza del hombre, la irascibilidad de la joven a quien parece desesperar la lentitud de su padre. Y sigue la desesperante espera: «*El enfado de Juan va en aumento: la espera, el miedo a perder el autobús, la insolencia de la hija, la aparente falta de diligencia de alguno de los funcionarios que van de un lado para otro con folios en las manos a un ritmo que contrasta con la urgencia que él siente*» (p. 223). Todo lo que sucede aquí forma parte del día a día de una dependencia oficial, y todos nosotros hemos tenido en alguna ocasión los mismos sentimientos y pensamientos de Juan, intentando llenar el tiempo de espera y sin poder refrenar la sensación de que allí nadie trabaja y de que nadie se ocupará de nosotros; la *certeza* de que pasarán horas hasta que podamos salir de aquel lugar con todo el papeleo resuelto. Pero también forma parte de ese realismo tan marcado la calma que nos produce la llegada de nuestro turno y la constatación de que los funcionarios son personas por lo general amables y trabajadoras, entregadas a la atención al público, y no hacen esperar a la gente porque estén buscando «*cruceros en horario de trabajo*», como le dice un airado Juan al guardia jurado. El propio protagonista rectifica su opinión al ser atendido: «*El funcionario que los atiende contradice todo lo que Juan ha estado pensando mientras esperaba. Es un conocedor escrupuloso de la legislación en materia de pensiones y Seguridad Social. Sus explicaciones son precisas y pedagógicas*» (p. 224). Una vez más se nos hace contundente la realidad de la

vida toledana, de nuevo una ciudad como cualquier otra, con sus prisas y sus pausas, sus administradores y sus administrados, al margen de las bellezas artísticas que la hacen diferente de otras ciudades. Tras el agobio de Juan y la serenidad que le aporta el funcionario que les ha atendido, todo se resuelve a tiempo y madre e hijo «*llegan a la estación a falta de cinco minutos para que salga el autobús de Cruces*» (p. 227).

El siguiente viaje a Toledo, para otra cita médica, lo hacen ya en el viejo Renault 4 de su padre, reparado por Fermín, el amigo de Juan, y esto le permite al narrador mostrar algunos aspectos del paisaje y de la carretera que conduce de Cruces a la capital, haciendo gala, una vez más, de ese realismo que venimos comentando: «*Saliendo del pueblo de Rielves, la carretera asciende hasta llegar al punto más alto de la ancha cuenca del río Guadarrama. Desde ese altozano, la vista se extiende por decenas de kilómetros*» (p. 239). Lugares concretos, conocidos de sobra por el autor, que nos dejan ver toda la extensión de la llanura castellana, desde esas alturas que llevan de Rielves a Toledo. Lugares reales, muy reales, que dan una mayor verosimilitud, como

Lugares reales, muy reales, que dan una mayor verosimilitud, como marco geográfico y como escenario vital, a la peripecia del relato.

marco geográfico y como escenario vital, a la peripecia del relato, a las vivencias de los personajes, a sus desvelos, a sus desasosiegos, a sus momentos de felicidad, porque el entorno en el que vivimos nos marca y nos condiciona de una manera inevitable. Y eso lo plasma siempre de forma magistral Jesús Carrasco.

Antes de estos recorridos toledanos de la madre y el hijo, en la cronología interna de los hechos, el protagonismo se centra en el hospital donde el padre de Juan está ingresado poco antes de su muerte. En este entorno la acción se centra en Isabel, que es quien se ha ocupado y se sigue ocupando de sus padres mientras Juan vive su vida sin problemas en Edimburgo. Cuando recibe la llamada de Germán (un amigo de la familia) desde el centro de salud de Torrijos, Isabel debe abandonar una importante reunión en Barcelona y coger el primer avión para Madrid, como paso previo e imprescindible para llegar al hospital donde está ingresado su moribundo padre. El recorrido vuelve a instalarnos en el realismo, según recogen estos pensamientos de la propia Isabel: «*Taxi al Prat y primer puente aéreo disponible a Madrid. A las once y media ya estaba en el hospital de Toledo. A ver, déjame contar. ¿Ummm? Unas seis horas desde el veintiocho de la calle Aribau hasta el Virgen de la Salud de Toledo*» (p. 192). Llama la atención el grado de detallismo del narrador, que no solo habla del hospital de Toledo, sino que lo cita con su nombre real y reconocible en un lugar concreto, a pocos pasos del centro de especialidades al que irá más tarde Juan con su madre, en la avenida de Barber: la intención de señalar con exactitud esa cotidianidad se percibe en esta concreción de los lugares, cuya presencia hace más reales y cercanos los acontecimientos, como si más que una novela estuviéramos leyendo una crónica. En los detalles del recorrido de Isabel hasta llegar desde Madrid a Toledo se remarcan también los anclajes del realismo y de lo cotidiano: «*Debíamos de ir por Olías del Rey cuando me acordé de ti y de que nadie habría contactado contigo*» (p. 192). La necesidad de ser tan preciso le viene impuesta al autor por el deseo de contar con naturalidad la peripecia de unos personajes comunes, que podríamos ser cualquiera de nosotros en un momento determinado de nuestras vidas normales y corrientes.

Más allá del entorno hospitalario y del tedio de la burocracia, Toledo se muestra, en una segunda perspectiva, como un lugar para el disfrute y para realizar actividades lúdicas. Dos son los momentos en que los personajes acuden a la ciudad por placer: la primera, con fines turísticos; la segunda, con fines deportivos y saludables.

La visita turística, si bien nos lleva a ese Toledo convencional que siempre estuvo muy presente en la literatura, también nos ofrece las posibilidades que tiene su monumentalidad para quienes viven en los pueblos cercanos. En este caso, se trata de llevar a conocer Toledo al marido de Isabel, Andreu (cuando aún eran novios). El viaje lo hicieron ellos dos con los padres de Isabel, los cuales tampoco eran grandes conocedores de las bellezas artísticas de la capital, aunque sí de su trazado urbano y de los caminos que hay que seguir para llegar a determinados lugares. El paseo tranquilo les lleva a

adentrarse en los terrenos del arte:

Paseaban por el casco viejo y Andreu, aficionado a la pintura, quiso visitar la iglesia de Santo Tomé para admirar *El entierro del conde de Orgaz*. Los padres, quizá por tenerlo tan cerca, nunca habían visitado la iglesia ni visto el cuadro pero, como buenos toledanos, se sentían orgullosos de su vinculación con El Greco. El padre se veía a sí mismo presentándole a su yerno uno de los cuadros más importantes de la historia del arte como si fuera suyo. El hombre los guiaba por las callejuelas ansioso por llegar e impresionar a Andreu.

Como vemos, la relación de los toledanos con Toledo se nos presenta como un vínculo familiar (aunque no hayan nacido o no vivan en la capital): el Greco parece uno más de la familia y el enrevesado trazado callejero se identifica de alguna manera con las estancias de la casa propia, a juzgar por la naturalidad con que, en este caso el padre de Juan e Isabel, se mueve por las calles de la ciudad. Es una vez más lo cotidiano, lo del día a día, que se hace visible en esa familiaridad de la que hablamos. No se trata de hacer una visita turística, sino más bien de mostrar las bellezas de la urbe milenaria a un forastero, como quien enseña su casa a una visita y la hace así partícipe del entorno en el que se mueve y en el que se dedica a sus rutinas diarias. Esa es la sensación que nos queda cuando leemos el fragmento anterior: la ciudad monumental, que recorren fascinados los amantes del arte y que pasean mirando aquí y allá los turistas convencionales que pasan unas horas en ella, se transforma en el lugar de la vida corriente de sus habitantes o de los vecinos de estos, habitantes de pueblos cercanos, que lo han visitado decenas de veces y lo sienten también como algo suyo.

Por su parte, la visita deportiva le permite al narrador un mayor número de referencias a lugares diversos, a la vez que muestra con cierto detalle aspectos concretos de Toledo, tanto de la parte vieja como de la parte moderna. El motivo de la visita es participar en la carrera del día de San Silvestre, y será Fermín, el amigo más cercano de Juan, quien incite a este a correr: «*Venga, hombre, que son solo ocho kilómetros, y por Toledo. Subir al casco viejo el día de fin de año. No me digas que no te lo pasabas bien cuando íbamos de jóvenes*» (p. 251). La referencia a ese pasado en el que eran más jóvenes nos habla de la normalidad de la vida de ambos en otros tiempos, de algo que hacían de forma natural, como una costumbre, y el solo recuerdo de esas vivencias provoca en

La ciudad monumental que recorren fascinados los amantes del arte y que pasean mirando los turistas, se transforma en el lugar de la vida corriente de sus habitantes.

el lector la idea de las rutinas que cualquiera lleva a cabo en su entorno, con sus amigos y su familia, en días señalados. Al final, tal vez atraído en parte por la recuperación de aquellos hábitos de antaño, Juan se decide a participar en la carrera: «*Me apunto este año a correr la San Silvestre contigo, pero solo para que dejes de darme la paliza con la puta carrera*» (p. 252). A pesar de estas palabras (o precisamente por ellas) queda latente la camaradería, el deseo de compartir con un amigo un momento que se acaba de presentar como el recuerdo de un pasado no excesivamente lejano, pero, como todos los pasados, lleno de recuerdos y de vivencias de todo tipo.

El día de fin de año, junto a Juan y Fermín, familia y amigos se desplazan a la ciudad: «*El treinta y uno deciden ir juntos a Toledo para animar a Juan en la carrera y ver las luces de Navidad»* (p. 283). Las costumbres propias de ese día, de ese tiempo de fiestas, se hacen presentes en los motivos de la expedición; la idea de ver la iluminación navideña forma parte de un hábito que se vincula a las fechas y que envuelve de nuevo a Toledo en esa cotidianidad de la que hablamos, al margen de su calidad de urbe monumental. Y esta idea se refuerza con la descripción de las acciones que lleva a cabo el grupo de visitantes cuando llegan a su destino:

Aparcan en la zona baja de la ciudad, junto a la fábrica de armas, y suben caminando hasta la plaza del Ayuntamiento, en el casco viejo. Allí, la parafernalia de la carrera y la aglomeración de corredores le restan protagonismo al triángulo monumental que forman la catedral, el ayuntamiento y el palacio arzobispal. Toda la piedra tallada, las gárgo-las, los arbotantes y los misterios del tiempo arrinconados por los colores chillones de las indumentarias y la voz animosa de quien habla a través de la megafonía (pp. 283-284).

Todo un tratado de realismo y de naturalidad: cualquiera que conozca Toledo percibirá la esencia auténtica de todos y cada uno de los lugares que se citan y del ambiente que se describe. El fragmento muestra el conocimiento exacto que tiene el autor de los espacios urbanos, a la vez que declara la experiencia propia de este, que, sin duda, dio los mismos pasos que sus personajes en más de una ocasión. Percibimos el contraste entre la parte baja y la parte alta de la ciudad, y reconocemos las acciones normales que ha de llevar a cabo quien pretenda subir al casco histórico en la tarde del día de fin de año: el aparcamiento extramuros, la caminata cuesta arriba, el recorrido hasta la plaza del Ayuntamiento, la multitud poblando la plaza, la animación previa a la celebración de la carrera... No falta ni un solo detalle y no hay nada inventado: Jesús Carrasco ha descrito con brevedad, pero con precisión absoluta, las acciones y el ambiente, transportando al lector a la rutina extraordinaria (valga la posi-

> **Cualquiera que conozca Toledo percibirá la esencia auténtica de todos y cada uno de los lugares que se citan.**

Cuatro calles

La catedral, el ayuntamiento y el palacio arzobispal se convierten en observadores mudos de una ralidad que les es ajena desde su antigüedad secular.

ble contradicción de estos dos términos) que envuelve Toledo en la tarde de la San Silvestre. La referencia a la fábrica de armas es un dato más que confirma el conocimiento de la ciudad que tiene el autor y que subraya el realismo de los hechos y hace más normal y natural, si cabe, la peripecia de los personajes en esta novela de lo cotidiano, cuyos *héroes* son seres de carne y hueso, como todos nosotros, que viven aconteceres propios de la vida de cualquiera en los tiempos que corren.

El contraste entre la «parafernalia de la carrera», con sus colores y sus voces, con el bullicio que traen aparejado las multitudes, y la sobriedad monumental de los edificios que delimitan la plaza refuerza el realismo del relato, al tiempo que provoca una mirada distinta a los monumentos: la catedral, el ayuntamien-

to y el palacio arzobispal se convierten en observadores mudos de una realidad que les es ajena desde su antigüedad secular. La Edad Media, el Renacimiento y el Barroco comparten espacio con el colorido y las personas de los años finales del siglo XX en los que se desarrolla la acción de la novela. Y en este caso concreto, como señala el narrador, pierden protagonismo, ya que las gentes se han congregado allí para participar en la carrera de San Silvestre y ese es el punto principal de atención, que deja en un segundo plano la monumentalidad de la plaza, convertida en un escenario lujoso que sirve de decorado a una acción absolutamente distante y ajena a su prestancia y a su peso histórico. Aflora otra vez aquí la ciudad para vivir, la de los habitantes, y desplaza sin miramientos a la ciudad del arte, de los viajeros y de los turistas: «*los misterios del tiempo*» quedan paralizados ante la apabullante presencia de la vida moderna, silentes y lejanos.

Sin embargo, Juan, su familia y amigos, «*hablan de lo bonita que está la ciudad, de la suerte que tienen por vivir a tan pocos kilómetros*», con un guiño del narrador a la belleza artística de Toledo y a ese orgullo de los toledanos del que antes hablábamos,

«a pesar de que la mayor parte de las veces solo se desplacen para ir al médico o a renovar el carnet», con una vuelta de nuevo a la ciudad estándar, a la capital de provincia en la que sus habitantes y los de los pueblos cercanos deben resolver los trámites de la vida diaria. Y estas percepciones, a medio camino entre el elogio del arte y la normalidad del día a día, las hacen mientras «toman algo en un bar» (p. 284), otra actividad propia de quienes conocen el lugar y están habituados a la vida que en él se desarrolla. Las dificultades del recorrido que han hecho previamente los corredores se perciben también en esa charla que parafrasea el narrador, ofreciendo una estampa toledana propia del tiempo (el inicio del invierno y sus inclemencias en el centro de Castilla), con un fondo que retrata con precisión y brevedad la morfología urbana: «Hacía mucho frío para ir en pantalón corto y camiseta de tirantes. Estaba la distancia y luego el recorrido, bajar desde la zona vieja y subir de nuevo hacia el final de la carrera» (p. 285). Una carrera compleja, condicionada por el carácter de una ciudad que se extiende desde una montaña ha-

Jesús Carrasco nos ofrece de Toledo otra perspectiva vinculada a las opciones de trabajo y de estudio para quienes viven en un pueblo pequeño.

cia el llano, donde el esfuerzo de los corredores es sin duda mayor que si la ciudad fuera toda llana.

Llegamos al fin a la tercera perspectiva en la mirada que Jesús Carrasco nos ofrece de Toledo, una perspectiva vinculada a las opciones de trabajo y de estudio para quienes viven en un pueblo pequeño como lo es Cruces. Se trata solo de tres referencias concretas que se nos presentan de pasada en los comentarios de las gentes de Cruces cuando se plantean que tanto Isabel como Juan viven y trabajan lejos del pueblo (en Barcelona y Edimburgo, respectivamente). La primera referencia se relaciona con Juan y con los lamentos y reflexiones de los vecinos acerca de las dificultades de encontrar trabajo en España, *«porque suponen que, si está en Inglaterra, es porque el muchacho no se ha podido colocar aquí. Ni siquiera en Toledo o en Talavera.*

Que te hayas tenido que ir tan lejos a encontrar trabajo, Juan. Hay que ver cómo está España» (p. 50). Hay, de pasada, una cierta crítica a la problemática laboral y al paro, que tan a menudo son las preocupaciones más importantes de los españoles. Sin embargo, Juan no se ha ido *«tan lejos»* por ese problema, según su propia reflexión: *«Qué le iba a decir a la mujer. Qué trabajo había en Toledo y en Talavera. Incluso en Cruces, en el negocio de su padre»* (p. 50).

La segunda referencia afecta a Isabel y, en este caso, quien la hace es su madre, cuando piensa en lo lejos que vive de ella:

Le costaba trabajo asumir que su hija no se hubiera casado con alguien del pueblo o de algún pueblo cercano [...]. Que viviera en Barcelona, tan lejos, atentaba contra uno de los pilares de su educación: las hijas son el seguro de jubilación de los padres [...] Esperaba que, tras acabar la carrera, se hubiera sacado una oposición. Puestos a elegir, las dos cosas, funcionaria del Estado y, además, en alguna delegación de Toledo. Su plaza para toda la vida y a un tiro de piedra de Cruces (p. 123).

Aparte de la insistencia en que Toledo debía ser el destino laboral de los nacidos en Cruces, percibimos en estos pensamientos de la madre el inmovilismo propio de las personas de determinada edad y de determinada educación que se han criado en el medio rural (el concepto de lo que deber ser una hija, la tranquilidad de un trabajo fijo, el miedo a lo foráneo...). Hay un marcado conservadurismo en esa visión de la vida, una especie de sentimiento tribal, de pertenencia a un lugar que no debe abandonarse; algo así como la llamada del pueblo, que tiene que ser obedecida por quienes han nacido en él.

La última referencia redunda en las ideas que estamos exponiendo, y vuelve a la pregunta de si no hubiera sido posible que Isabel se quedara cerca de la casa paterna, cuando la madre recuerda, en una conversación con Juan, que un profesor del instituto de Isabel *«fue a casa para hablarles de lo buena estudiante que era y para pedirles que la enviaran a estudiar Biología a Madrid»* (p. 260). En este caso es el propio Juan quien pregunta a su madre: *«¿Y no podría haber estudiado en Toledo o en Talavera? Sí, dice la madre, podría haber estudiado en Toledo pero ya ves, hijo, la vida es así de desagradecida. Criaros para que os vayáis tan lejos los dos, que parece que os hemos hecho algo»* (p. 260). Es patente el deseo de la madre de mantener las cosas como estaban antes de que sus hijos crecieran y se hicieran adultos, en ese inmovilismo conservador y un tanto medroso que le lleva a pensar que no hay nada mejor que el pueblo y su entorno, las ciudades más pobladas y más prósperas (al menos a sus ojos). Así, Toledo y Talavera se le figuran lugares de progreso, pero de un progreso moderado: sin salir del redil paterno, los hijos pueden hacer sus vidas en esas ciudades y ser felices, y hasta sentirse completos y realizados, sin aspirar a otras experiencias, sin desarraigarse ni renegar de los orígenes, al amparo de la provincia protectora y se-

Es patente el deseo de la madre de mantener las cosas como estaban antes de que sus hijos se hicieran adultos, en ese inmovilismo conservador y un tanto medroso que lleva a pensar que no hay nada mejor que el pueblo y su entorno.

Cuatro calles

gura, con sus pueblos y sus ciudades cercanos y reconocibles.

En definitiva, con este breve acercamiento a la novela de Jesús Carrasco, hemos pretendido mostrar cómo se materializa una imagen de Toledo que se ajusta a los estándares de cualquier otra ciudad pequeña, con sus trajines y sus rutinas, en medio de una modernidad ajena a sus bellezas artísticas, una ciudad para sus habitantes, una ciudad para vivir, no un museo anclado en un pasado glorioso. El Toledo que se retrata en la novela es el que se adapta a la vida de quienes lo habitan y busca un lugar en el tiempo presente, sin olvidarse de la historia, pero sin ser esclavo de ella. Hemos querido mostrar esa intensidad de lo cotidiano que a todos nos envuelve y que nos hace sentirnos integrados en la vida, más allá del escenario en el que se desarrolle la trama de esta, pero a la vez presentes en el decorado, haciendo de este un referente ineludible, un aspecto más de la vorágine del día a día, del quehacer constante de todos y cada uno en la intrahistoria de una ciudad de provincias en los años de transición entre los siglos XX y XXI.

ARTE ▬▬▬

Artistas «menores» para la catedral de Toledo en el tránsito del siglo XVII al XVIII

ANTONIO LÓPEZ BALLESTEROS

Si hacemos un repaso a la bibliografía disponible, llegamos a la conclusión de que el conocimiento de los maestros mayores (aquellos arquitectos que proyectaron las obras de la catedral de Toledo) es extenso y de notable profundidad. Los historiadores del Arte han investigado con interés el alcance de sus obras y se han centrado en sus vidas profesionales, atendiendo también, en ocasiones, a sus vidas privadas y redes familiares.

En fin, se ha solido destacar su influencia en las grandes empresas artísticas de la catedral primada. Sin embargo, hay que señalar que, junto a estos directores de obras, trabajaron oficiales y ministros en puestos de menor relevancia, que fueron los responsables de desarrollar los proyectos arquitectónicos y artísticos, materializando también con la maestría de sus oficios «menores» y más cercanos a lo artesanal las ideas y contenidos iconográficos de los maestros «mayores».

De todos estos oficiales nacidos en el mundo gremial se ha investigado mucho menos que de los insignes pintores y arquitectos y, por tanto, nuestro conocimiento de sus biografías y trayectorias es más exiguo. Con estas líneas pretendemos centrarnos en algunas personas que estuvieron al frente de estos oficios inferiores que trabajaron para la Obra y Fábrica catedralicia, con el fin de demostrar que fueron de vital importancia, y que sin su concurso no hubiera sido posible llevar a término ninguno de los proyectos artísticos o artesanales de la iglesia mayor de Toledo.

En esta ocasión nos referiremos a dos linajes de finales del siglo XVII, los Huerta y los Puerta, que acabarían enlazando sus familias a la sombra de los trabajos que desarrollaron para la catedral de Toledo. La primera familia estaba encabezada por un cantero llamado Francisco de Huerta. La segunda había instalado un taller de carpinteros liderados por Juan Álvarez Puerta, que tuvo continuidad en su hijo Juan Félix Álvarez Puerta. Ambos eran oficiales de cantería y carpintería, y habían llegado a formar un equipo de personas que, de la documentación consultada para este breve estudio se desprende, llegaron a realizar grandes trabajos para la catedral, participando de una pequeña parte poco conocida de la historia de Toledo.

Entre canteros y alarifes

Francisco de Huerta se desempeñó como cantero y entallador pero ascendió profesionalmente hasta la categoría de aparejador y alarife. Como adelantábamos, Huerta estaba emparentado con una familia dedicada a la carpintería, los Puerta, ya que era suegro de Juan Álvarez Puerta hijo. Como Francisco, Juan promocionó desde la madera hasta las trazas, llegando también a ser alarife. Estamos, por tanto, ante dos personas cuyas vidas discurren paralelas por cuestiones de parentesco y trabajo. En el caso de los Puerta, hay que fijarse además en otro personaje que debió de tener influencia en la posterior dedicación profesional de la familia. Se trata del alarife Juan Barrajón (1672-1697), que trabajó también como «matafuegos» o cabeza de un equipo de bomberos, oficio poco investigado en la historia de Toledo. Barrajón fue suegro de Juan Álvarez Puerta.

El expediente de limpieza de sangre de un nieto del primer Puerta y del aparejador Huerta,

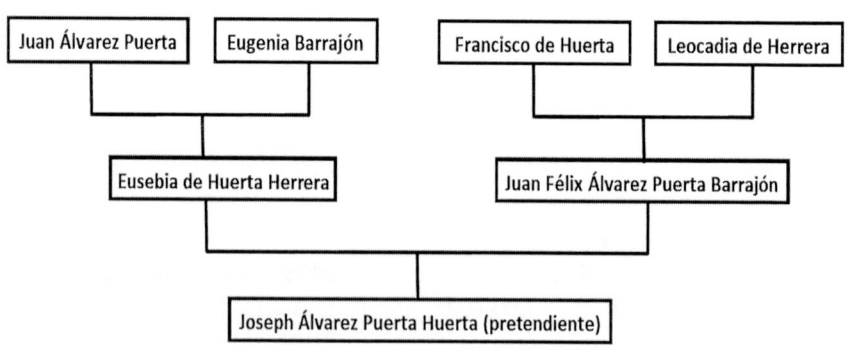

Veduta della Chiesa Cattedrale di TOLEDO.

que fue capellán en la Catedral, permite reconstruir la genealogía de la familia, excluyendo en este estudio a los hermanos y primos fruto de los dos matrimonios.

Para su impronta en las obras de la catedral, nos fijaremos en Juan Álvarez Puerta hijo y en su suegro el alarife Francisco de Huerta.

En el cambio de siglo tenía lugar el enlace entre las dos familias. Francisco de Huerta dotó a su hija Eusebia, autorizando su matrimonio con el hijo homónimo de Juan Álvarez Puerta.

«Declaro he puesto en estado de Eusebia de Huerta, mi hija, y de Leocadia de Herrera, mi primera mujer, y la he casado con Juan [Félix] Álvarez Puerta, vecino de esta ciudad y la he dado en dote seis mil y doscientos y noventa y nueve reales de los cuales otorgo dote ante el presente escribano [Cristóbal Ramírez de Perales], a seis de octubre de este presente año [1700]».

A partir del testamento de Francisco de Huerta llegamos a saber su estrecha vinculación con la catedral y su historia constructiva, y en particular su condición de discípulo del arquitecto barroco Bartolomé Zumbigo y Salcedo, maestro mayor de la catedral entre 1671 y 1682. Los testamentos, sus posibles codicilos e inventarios de bienes eran fundamentales para garantizar la sucesión en los oficios al servicio de la catedral. Al entrar un hombre nuevo en su casa y taller, su yerno Juan Álvarez Puerta, Francisco de Huerta estimó oportuno testar y hacer una lista de todos sus bienes. Ofrecemos aquí algunos pasajes del mismo con datos de interés para la historia del arte.

«Sépase por esta escritura de testamento y última voluntad, como yo, Francisco de Huerta, sobrestante de las obras de la Santa iglesia de esta ciudad de Toledo, vecino de ella, hijo legítimo de Francisco de Huerta y de María de Ruyloba, su mujer, mis padres difuntos, estando al presente sin enfermedad actual y en mi juicio y entendimiento natural [...].

Mando se digan por mi alma ciento y cincuenta misas, y otras cincuenta más por las almas de mis padres y hermanos, y las de mis suegros y de mi maestro don Bartolomé Sombigo y Salcedo.

Mando a María Montero de Espinosa, mi mujer, por la mucha estimación que he tenido y tengo de ella, la casa que quedó por fin y muerte de mis padres junto a san Juan de la Penitencia, que la he reedificado en el tiempo que he estado casado con la dicha María Montero mi mujer [...] Y así mismo a la dicha mi mujer una pintura del glorioso patriarca San Joseph del Dominico Greco con su marco llano dado de negro para que la goce por sus días y vida, y después de ellos se ha de vender dicha pintura por ser de valor y estimación, y el precio en que se vendiere se diga de misas por mi alma y de la dicha mi mujer».

En el protocolo notarial 30256 del Archivo Histórico Provincial de Toledo hallamos también la escritura que otorgó Juan Álvarez Puerta hijo en el momento de su enlace con Eusebia, la hija de Francisco de Huerta, que nos aporta información valiosa sobre los antecedentes familiares de los Puerta:

«En el nombre de Dios Nuestro Señor, amén. Sépase por esta escritura de dote y arras como yo, Juan [Félix] Álvarez Puerta, maestro de carpintería, vecino de esta ciudad de Toledo, hijo legítimo de Juan Álvarez Puerta y de Eugenia Barrejón, su mujer, mis padres, difuntos, veci-

nos que fueron de esta dicha ciudad. Digo que por cuanto yo estoy casado y velado según orden de la Santa Madre Iglesia con Eusebia de Huerta, hija legítima de Francisco de Huerta, sobrestante de la obra de la santa Iglesia de Toledo, y de Leocadia de Herrera, su mujer, difunta, vecinos de esta dicha ciudad, y mi desposorio y velaciones fueron en la parroquial de San Justo y Pastor de ella en veinte y cinco de julio de este presente año [1700], y cuando se trató el dicho matrimonio, el dicho Francisco de Huerta, mi señor, ofreció darme en dote con la dicha su hija los bienes y alhajas que aquí se dirán y me los quiere dar y entregar, y da y entrega tasados y apreciados en los precios siguientes».

Se trata de una lista detallada de numerosos artículos que Francisco de Huerta «dio y entregó» en calidad de dote a Juan, por un importe total de 6.299 reales, sellando así el compromiso entre las dos familias.

Oficios y cargos

Como su maestro Sombigo, Francisco de Huerta alcanzó el dominio técnico de la traza a partir de su maestría sobre la piedra y el mármol. Un primer

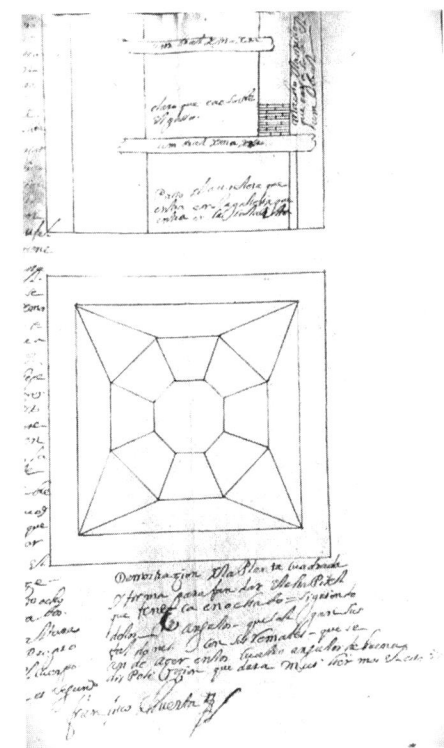

Dibujo de Francisco de Huerta para la cantería del chapitel izquierdo del ayuntamiento. Archivo Municipal de Toledo.

ejemplo lo encontramos en el informe y dibujo que firma para las obras de los chapiteles del edificio del Ayuntamiento (vid. Antonio José Díaz Fernández, La casa del Ayuntamiento de Toledo. Historia de un edificio, Toledo, Ayuntamiento, 1994). Del diseño se siguen sus muchas habilidades para el puesto que ocupó en el ayuntamiento como alarife o en obras del Refitor y Obra de la Catedral, como aparejador y en ocasiones suplente de maestro mayor.

Huerta se relaciona habitualmente con otros profesionales de la construcción y trata de asentarse como alarife municipal. Por documentos del Archivo Municipal de Toledo sabemos que en 1667 se ofreció Francisco de Huerta para cubrir las ausencias de Juan de Mendoza, alarife de cantería en esos momentos. Mendoza estaba en el obispado de Baeza como maestro de obras trabajando en el puente de Mazuecos sobre el Guadalquivir.

«*Viose una petición de Francisco de Huerta, cantero, en que dice que la ciudad fuese servida de nombrar a Juan de Mendoza por alarife de cantería, el cual está ausente en la ciudad de Baeza en una obra en que estará más de cuatro años, suplica a la ciudad se sirva de nombrarle por alarife en lugar del dicho Juan de Mendoza, y visto por la ciudad la dicha petición, acordó que el Señor Don Juan de la Cueva, regidor y agente general, pida ante la justicia se notifique a el dicho Juan de Mendoza venga // a ejercer su*

Título del oficio de alarife de cantería en favor de Francisco de Güerta (Huerta). Archivo Municipal de Toledo.

oficio de alarife de la parte donde estuviere, con apercibimiento que de no hacerlo se dará por vaca la dicha plaza de alarife y se proveerá, y asimismo haga las demás diligencias que convenga».

El 21 de enero de 1669 volvió a hacer la petición para la provisión de la plaza de alarife que hizo el Ayuntamiento de la plaza, lográndola el 15 de mayo de ese año.

«Y vista por la ciudad la dicha petición, de conformidad, nombró al dicho Francisco de Huerta por alarife de cantería en lugar del dicho Juan de Mendoza, para que le sirva en propiedad, y acordó se le despache título en forma de dicho oficio».

Al servicio de la ciudad y la Iglesia

El 7 de junio de 1669, un mes después de su nombramiento como alarife del Ayuntamiento de Toledo, y acompañado del también alarife Diego de Medina, Francisco de Huerta dictaminó la necesidad de arreglar la pared maestra trasera de las casas del Ayuntamiento. Argumentó que el colapso de la pared causaría una gran ruina que podría desembocar en el derrumbe de todo el edificio.

Como veremos más adelante, esta obra se prolongaría durante todo el período en que Huerta actuó como alarife municipal. Cabe pensar que los trabajos de esta reforma del Ayuntamiento serían los que le vincularían a la familia de los Puerta.

En la década de 1670, en su condición de alarife, Francisco de Huerta también comenzó a trabajar para la catedral, tal y como reflejan las partidas de gastos de los libros del Refitor. Además, entre su clientela eclesiástica se conservan en el Archivo Diocesano de Toledo algunos documentos con su firma, como una escritura de 1676 que certifica una visita que hizo como alarife y maestro a la iglesia de San Isidoro, por encargo del canónigo don Fernando García de Ávila y Castillo. En 1683 visitó los jardines del cigarral de Buenavista, comisionado por don Pedro Portarrero, dignidad de arcediano de Madrid. Ya con anterioridad a su nombramiento de sobrestante de la catedral, sus contactos con el cabildo eran frecuentes por la confianza que se tenían en los informes que los alarifes hacían de las obras en las casas de su propiedad.

En 1673 Huerta cobró 6.000 reales para empezar la cantería de la casa de la audiencia de los fieles ejecutores en la plaza de Zocodover, en la esquina de subida al Alcázar, junto a los arcos que servían en esos años para las fiestas de toros como toriles. El 9 de marzo de 1674 la obra todavía continuaba.

De su labor para el Ayuntamiento, en febrero de 1676 está documentada su petición de 2.000 reales para pagar la piedra que emplearía en una reparación efectuada en el puente de San Martín.

A través de los libros de actas capitulares de la catedral podemos seguir la actuación de Francisco de Huerta como oficial del deán y cabildo a partir de su nombramiento como sobrestante, o encargado de materiales constructivos, que aunaba al oficio de alarife que ya tenía. En teoría, esta toma de posesión exigía exclusividad e implicaba que Huerta dejase de trabajar para otras instituciones, por ejemplo, el Ayuntamiento, algo que no llegó a suceder. La tarde del miércoles, 10 de mayo de 1684, el cabildo decidió sobre la concesión y comisión de diversos oficios, entre ellos el de sobrestante y visitador de la hacienda de la catedral de Toledo en las obras de las casas del Refitor.

«*Sobrestante. Nombrar a Francisco de Huerta con cargo que sirva juntamente el de alarife. Llamados y visto el parecer y proposición de la Contaduría de 9 de este mes sobre el oficio de sobrestante de las obras de casas del Refitor y memorias, le proveyeron en Francisco de Huerta, alarife de esta santa Iglesia, con cargo y obligación de que sirva ambos oficios, y que tenga al uso la de tener los machos y el mozo que de ellos cuida, y guardar la paja y cebada que se diere para sustentarlos, y con calidad de que no ha de tomar ni encargarse de obras de afuera ni pedir ayuda de costa alguna por razón de la casa, y superintendencia referida, y en esta consideración le señalaron por ambos oficios trescientos y treinta ducados de salario cada año en la forma y como pareciere a la Contaduría,*

Francisco de Huerta desempeñó su puesto de alarife catedralicio durante quince años, y dos más que estuvo como sobrestante, pero el consistorio consideró que eran incompatibles los dos cargos.

con los cien ducados que tenía de salario por alarife, que han de cesar desde este día».

En total, Francisco de Huerta desempeñó su puesto de alarife catedralicio durante quince años y dos más estuvo como sobrestante, pero en 1686 el consistorio municipal, con Fernando de Robles como regidor, consideró que eran incompatibles los dos cargos y el 11 de marzo de ese año convocó la plaza:

«Lunes 11 de marzo de 1686.

Sobre la plaza de alarife de cantería que tenía Francisco de Huerta.

El Señor don Fernando de Robles, regidor, dijo que Francisco de Huerta, alarife de cantería, tiene la ocupación de asistencia de las obras del Cabildo de la santa Iglesia, y se opone una ocupación a otra y convendrá vacar dicha plaza y proveerla, y oído por la ciudad acordó se dé cedula de convite para el primer Ayuntamiento para tratar de dicho negocio».

Dos días después, el alarife solicitó que se le autorizase a seguir en el cargo, argumentando haber cumplido siempre con sus obligaciones. Sin embargo, los regidores votaron en contra de prolongar el oficio y acordaron que se pusiesen edictos a la plaza de alarife.

El alarife solicitó que se le autorizase a seguir en el cargo, argumentando haber cumplido siempre con sus obligaciones.

En el siguiente ayuntamiento aparece la persona que oposito al cargo vacante por la expulsión de Huerta. Se trataba de Miguel Cabezas, maestro de cantería y arquitectura. Su presentación se conserva en el Archivo Municipal de Toledo en un documento escrito y firmado de su puño y letra. La oposición también consta en el libro de actas del mismo día. El 27 de marzo de 1686, el Ayuntamiento acordó dar el cargo con las mismas condiciones que tenía Francisco de Huerta a Miguel Cabezas y éste juro solemnemente el cargo dos días después.

Acudiendo a los libros de alquileres de casas del Cabildo sabemos que la vivienda que ocupó Huerta estaba situada sobre la puerta de la calle de la casa llamada Baño del Cenizal. Por otro lado, los materiales que manejaba como sobrestante los almacenaba en la cercana casa donde vivió Juan Baile en la calle de los Azacanes (comienzo de la Bajada del Barco). Finalmente, para guardar las bestias que tenía a su cargo para el transporte de los materiales de las obras de la catedral, alquilaba unas dependencias bajas del Corral de los Ciegos. Estas tres casas situadas en la colación de San Justo ya fueron localizadas y comentadas en el número 30 de esta revista.

Juan Félix Álvarez Puerta, heredó gran parte de la clientela de su suegro Francisco de Huerta en la dirección de obras, tanto para el Ayuntamiento como para la Catedral. No obstante, no procedía de la especialidad de cantería, sino que era un maestro de la madera.

En 1703 Álvarez Puerta se comprometió a terminar las puertas y ventanas que tenía contratadas su padre Juan Álvarez para la obra del edificio consistorial. De esta intervención de carpintería se habló ya en los plenos de 1669 cuando surgió la intención de reparar estos vanos, coincidiendo con los deseos de realizar una primera ampliación del edificio del Ayuntamiento. Por su extensión, este tema merece un artículo propio.

El 14 de marzo de 1703 tuvo lugar el juramento de los veedores de carpintería ante la autoridad municipal.

«Los caballeros sobre veedores del oficio de carpintería pre-

«La Ciudad acordó entren y juren a Dios Nuestro Señor y a la señal de la cruz en forma, de usar bien y fielmente dichos oficios».

sentaron por veedores y examinadores de dicho oficio para ese año a Ignacio Arias, Juan Álvarez Puerta y Feliciano Talavera, maestros de dicho oficio, y la Ciudad acordó entren y juren cuales en//traron y juraron a Dios Nuestro Señor y la señal de la cruz en forma, de usar bien y fielmente dichos oficios y no hacer visita sin los caballeros sobre veedores o con su licencia, pena de diez mil maravedíes».

Según las actas municipales de comienzos de septiembre de 1703, Juan Félix tuvo que responder por las faltas en el presupuesto inicial contratado con su padre para la obra en las casas del consistorio:

«Han ajustado con Juan Álvarez, maestro de carpintería, hijo de Juan Álvarez, a cuyo cargo estuvo todo lo que toca a puertas y ventanas de trillo y otras que se han puesto en toda

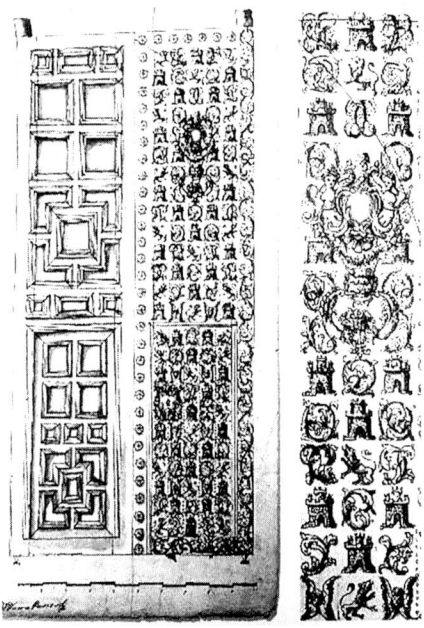

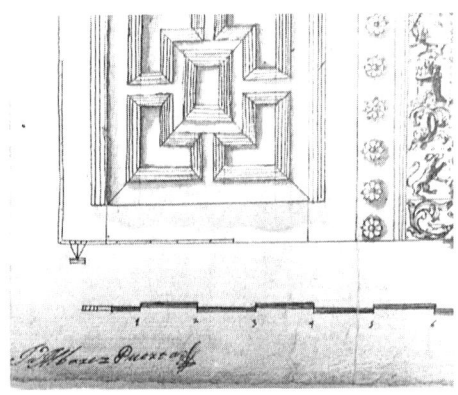

Juan Félix Álvarez, Diseño para una puerta. Nº 55 del catálogo
Ángel Fernández, Alfredo Rodríguez e Isidoro Castañeda, *Los diseños de la Catedral de Toledo*, 2009.

la dicha casa, por la cual parece que conforme a el cargo y data que se le ha formado, resulta ser alcanzado dicho Juan Álvarez, difunto, en doscientos y treinta reales de vellón».

Al mismo tiempo, Juan Félix declaró que, en efecto, su padre, con el mismo nombre y apellido que él, hizo las puertas del ayuntamiento de Toledo.

En definitiva, en las fuentes municipales encontramos la relación tan estrecha que tenía este maestro carpintero con la ciudad de Toledo desde los últimos años del XVII y primeros años del siglo XVIII.

En 1706, Juan Félix daría el salto desde su oficio de carpintero municipal al de alarife de la iglesia de Toledo. Después del fallecimiento del aparejador Pedro González, el 25 de julio de ese año, el arzobispo Portocarrero, como director de la Obra y Fábrica, le dio el título vacante de alarife el 2 de agosto, con el mismo sueldo que el anterior (7 reales diarios). Por entonces, el maestro mayor de la catedral era Teodoro de Ardemans, quien tenía cedido el sueldo a favor de la Obra.

Por tanto, a partir de entonces, Juan Álvarez hijo figura como aparejador de los materiales de la Obra de la catedral y su clientela pasa a estar centrada en el estamento eclesiástico. En 1710 se responsabilizó del proyecto de la fundición de una campana para la parroquia de san Justo que costó, incluida la colocación en la torre, 49.748 maravedíes.

En 1715 pide una ayuda de costa al cabildo por los servicios prestados durante nueve años y por estar sustituyendo el empleo de maestro mayor de la Santa Iglesia durante la sede vacante de Portocarrero. La votación fue casi unánime, pues de 16 votos, 14 fueron a favor y dos en contra, concediéndole 100 ducados de gracia en esa ocasión.

D

Juan Félix Puerta es el autor de un dibujo para unos postigos nuevos para la catedral. No hay información sobre la ubicación exacta o cronología de estos diseños, pues no parecen corresponder con ninguna puerta actual. Sin embargo, todo apunta a 1717, año en que la documentación atestigua la intervención de nuestro aparejador Juan Álvarez Puerta en la Puerta Llana o de los Carretores de la catedral. Así, las actas capitulares refieren su supervisión en la fabricación de unas nuevas llaves para las puertas que se estaban instalando. Según el libro de gasto de Obra y Fábrica, en su capítulo de obras de madera:

«El 10 de junio de 1717 se libraron a Juan Álvarez Puerta, aparejador de esta obra, dos mil setecientos y treinta y cinco reales y diez y siete maravedís de vellón que valen 93.007 maravedís, por los mismos que como consta de la cuenta que va con la libranza, han importado los jornales de maestros y oficiales de carpintería que han trabajado en acabar las puertas cubiertas de nogal* [así también las describe Sixto Ramón Parro, «de nogal fino»] *que se han hecho para la que llaman de los Carretones».*

Fuera de la ciudad, Juan Álvarez es autor de varios proyectos para la reconstrucción de chapiteles. Conocemos la existencia de dos dibujos, uno para la iglesia de Cabañas de Yepes, su pueblo natal, y otro para la parroquia de Santa Olalla, repartidos en varios archivos toledanos: el Archivo Diocesano, el Archivo de la Catedral y el Archivo Histórico Provincial. En Bargas, Puerta revisó el chapitel, que finalmente fue restaurado en 1721. Es evidente que su responsabilidad de aparejador del cabildo le obligó a viajar por toda la comarca, donde la catedral tenía posesiones. También en las épocas de sede vacante tendría que responder por las reformas de los templos y propiedades diocesanas.

Junto con la catedral, Juan Félix también intervino en las iglesias de la ciudad. En 1710 hizo el proyecto para hacer un transparente que iluminase el altar mayor de la iglesia de Santo Tomé. En 1711 fue suministrador de maderas para hacer las puertas y ventanas de la iglesia de los Jesuitas. Entre sus clientes civiles, participó en muchas de las obras de reparaciones de casas y en el mantenimiento de las mismas.

Entre otras actividades conocidas, Juan Félix Álvarez también tuvo el compromiso, como casi todos los carpinteros de entonces, de pertenecer al cuerpo de matafuegos o «bomberos» de la ciudad. De hecho, su abuelo materno, Juan Barajón o Barrajón, fue patrullero cabecilla de una de las patrullas responsable de matar los incendios que se produjesen en Toledo.

Barrajón fue nombrado por el Ayuntamiento cuadrillero apagafuegos el 22 de mayo de 1659. En 1661 ya era cuadrillero mayor de los carpinteros que el Ayuntamiento tenía para el socorro de los fuegos. Por su trabajo de matafuegos tenía el privilegio de poder llevar espada, daga y coleto todo el día y en todas ocasiones. En 1668 le nombraron veedor del oficio de carpintero, iniciando así (suponemos), por la afinidad del oficio, la relación con los Puerta. A la muerte de Juan de Vega en 1672, Barrajón se presentó para el oficio de alarife del Ayuntamiento, pero en esta ocasión los candidatos no fueron examinados por oposición, sino que el designado, José de Olivares, salió de una votación secreta. Sin embargo, su promo-

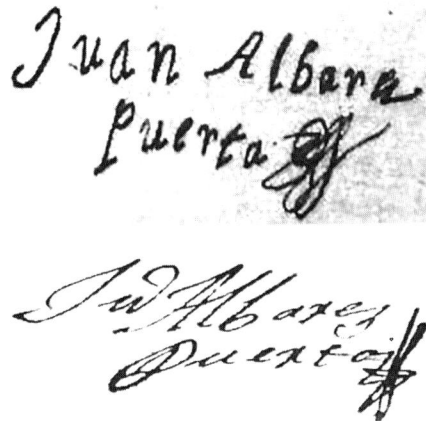

Firmas de los carpinteros Puerta, padre e hijo.

ción continuó, pues fue nombrado veedor perpetuo en 1686 y, de hecho, verificó como alarife de Toledo las obras de las Carnicerías y del Corral de Vacas. En 1689 participó como alarife y maestro de obras contratado por el cabildo en la iglesia de Sonseca, en la inspección de la obra que se había finalizado.

Por una memoria de herramientas de fuego conservada en el Archivo Municipal de Toledo, sabemos que abuelo y nieto, Barajón y Álvarez Puerta, formaban parte del mismo equipo, y que, en cierta ocasión, las tuvieron que entregar para la obra que se estaba haciendo en el edificio del propio Ayuntamiento.

Un 14 de febrero de 1726, a las siete de la mañana, falleció Juan Álvarez Puerta. Fue enterrado en la capilla mayor de la parroquia de los Santos Justo y Pastor, donde fue feligrés. Puerta fue sucedido en el cargo de aparejador de la Obra y Fábrica de la catedral de Toledo por Fabián Cabezas (primo de don José Hernández Sierra, aparejador a su vez y maestro mayor del Ayuntamiento). Casualmente, un día después de la muerte del alarife Puerta falleció también el maestro Teodoro Ardemans, ocupando su puesto el célebre Narciso Tomé.

Posiblemente ningún interviniente en las obras de la catedral haya tenido tanto trato con los demás profesionales de las empresas arquitectónicas del cambio de siglo en la catedral y fuera de ella, y que haya pasado tan desapercibido, como es el caso de Juan Félix Álvarez Puerta. Toledanos como estos, poco conocidos, son los que llenan las páginas, todavía en blanco, de la historia de este pueblo, que para orgullo de todos sus vecinos emplean gran parte de sus vidas.

«La sombra de Raquel», una leyenda toledana desconocida

LUIS RODRÍGUEZ BAUSÁ

En una fecha que no hemos podido conocer porque seguramente el concurso se difundió durante los meses de enero o febrero del año 1903, y no existen ejemplares de este diario en la biblioteca virtual de prensa histórica de esas mensualidades, se convocó el primer certamen de leyendas auspiciado por el semanario *La Campana gorda*.

Los días 5 y 12 de marzo de aquel lejano 1903 se publicaron en la primera página los ganadores (primer y segundo premio) de este certamen, siendo los agraciados Juan de Castro con el primer premio, con la leyenda *La sombra de Raquel*, y Adolfo Aragonés con el segundo premio, con *Galiana*.

Aragonés presentó al concurso una versión de la conocidísima leyenda *Galiana*, motivo por el cual no la reproducimos aquí, ya que no es más que una versión del archiconocido relato que tantos otros autores han ido versionando a lo largo del tiempo.

El relato que traemos a colación también sitúa una parte de la acción en los palacios de Galiana y, de alguna manera, narra amores imposibles, aunque luego la trama se complica con aparición de un fantasma incluido. Esto nos induce a pensar que es posible que fuera un requisito del certamen que las leyendas versarán sobre Galiana, pero no podemos asegurarlo.

Solo resta que ustedes la disfruten.

LA SOMBRA DE RAQUEL
(Leyenda toledana)

I

¡Grandes mudanzas acontecen en el tiempo!

Aun recurriendo al eficaz auxilio de la historia, nadie pudiera reconocer en la Toledo de hoy la Toledo de Alfonso el de las Navas.

Sus hombres más ilustres, prelados, héroes o sabios, se trocaron en polvo; los soberbios monumentos que desafiaron el espacio cayeron al destructor esfuerzo de los siglos; las ruinas de los viejos palacios son despreciado asilo de pastores; habitan las bestias las antiguas estancias de los magnates y hacen nido los reptiles donde antes las golondrinas.

Pero con ser tan diferente, ya tenía Toledo la misma majestad reposada, el mismo aire romántico y augusto que hoy la hacen venerable cuanto la hicieron en otro tiempo hermosa. Y al igual que su fisonomía, su carácter había también cristalizado. Ya entonces sus nobles hijos tomaban en la gobernación del reino aquel celoso interés que produjo más tarde la inmortal epopeya de las Comunidades; y ya entonces también las revueltas y estrechas callejuelas eran regalados lugares, donde, amparados de las rejas misteriosas, los mamantes se entregaban entre suspiros y besos, al gustoso desvariar de los amores.

Comenzaba una noche de verano.

En una calle cercana al Alcázar, en la ventana de una blasonada vivienda, hablaban de esta suerte dos enamorados:

—En el nombre de Dios, Fernando, no acudas a esa cita.

—Él sabe cuánto me duele desplazarte. Más advierte, Constanza mía, que es el honor quien lo exige.

—¡Oh, no hables así! El honor que movió a tu padre don Esteban a tremolar en San Román el estandarte de su rey no puede ser el mismo que dirige los más nobles aceros contra el pecho de una mujer.

—Pero esa mujer hará perder el reino. Prisionero en sus brazos el monarca, sordo al consejo de sus nobles, mudo a las querellas de su pueblo, descuida los negocios del estado. Pluguiera a Dios que nunca Raquel diese oído a las palabras de don Alfonso.

—¿Y acaso no merece disculpa? Los mismos de su sangre y de su raza la enviaron a la Corte. Niña ignorante y desvalida, sin padre cuidadoso que la guardase del

rey, sin cristianas enseñanzas que la defendieran de sí misma, ¿cómo podría a la majestad del monarca resistirse rebelde su flaqueza?

Calló Constanza y la más poderosa elocuencia de su llanto siguió hablando en defensa de Raquel.

Silencioso y dolorido el mancebo, veía fijos en los suyos los ojos divinos de su amada y sentía en sus manos el calor deleitoso y suave de aquellas manos de reina... Su alma joven cautivada por el amor se llenó de una infinita piedad hacia el amor ajeno y creyó a la judía libre de toda culpa.

Mas por otra parte no podía olvidar el compromiso poco antes contraído en la misma cámara de la reina.

El enlutado traje de doña Leonor, las amargas quejas de su majestad vilipendiada, el supremo llamamiento hecho a la lealtad de los nobles y aquella apocalíptica visión de las yeguas moras bebiendo las aguas del Tajo teñidas de cristiana sangre, le impulsaban el cumplimiento de la venganza ofrecida.

... Pero Constanza seguía llorando y era preciso por encima de todo darle consuelo. Pensando sólo en esto, halló fácil y eficaz lo que en otra ocasión hubiera juzgado absurdo.

¡Pretender de los nobles castellanos la rescisión de un compromiso solemne! ¡Pedir piedad a una reina para la usurpadora de su realeza. ¡¡Demandar a una mujer perdón para la rival aborrecida!! ¡Harto más fácil hubiera sido lograr que el Tajo retrocediera en su curso!

Y sin embargo esperaba conseguirlo.

—Óyeme Constanza —dijo al fin—, no puede un Illán faltar a su palabra. Lo que la reina quiera, lo que los nobles decidan será para mí un mandato inexcusable; pero la resolución sangrienta que tomes no está pactada todavía. Pediré clemencia para la juventud de Raquel, propondré su destierro, su alejamiento del rey; pero salvaré su vida.

—Ve pues, Fernando. Ve pronto y evita, en nombre del Cielo, que en la historia de nuestros amores haya una página sangrienta.

Pediré clemencia para la juventud de Raquel, propondré su destierro, su alejamiento del rey, pero salvaré su vida.

—¡No lo temas! Adiós.

Y después de besar con ferviente ternura la mano de la doncella, don Fernando se alejó rápidamente en dirección al Alcázar.

II

Una hora después varios hombres cuidadosamente recatados, caminando por entre los floridos senderos de la Huerta del Rey, se acercaban al palacio de Galiana.

Distaban poco de él cuando un cercano rumor de pasos llevó atrás las miradas, y todas las diestras a las empuñaduras de los aceros. Pronto, sin embargo, depusieron su actitud al reconocer a un amigo en el que llegaba.

—Sed bienvenido, don Fernando de Illán —dijo uno—. Por Santiago Apóstol que ya no os esperábamos.

—Ni debíais esperarme, por Santiago —dijo el joven—. En el Alcázar real, a cara descubierta, y atentos al consejo, creí encontrar a los nobles de Castilla; que no en mitad del campo encubiertos como malhechores y apercibidos, según parece, a la venganza.

—Vos lo decís. La hora de la venganza ha sonado.

Y en pocas palabras el viejo Álvar Núñez le enteró de todo.

El rey, ausente en una cacería; el pueblo cada vez más ansioso del castigo de Raquel; los nobles más resueltos que nunca a consumarlo; y la reina esperándolo todo de ellos.

—Qué aguardamos pues? —siguió diciendo—. Libertemos al árbol soberano de esa trepadora lasciva, hoy que el rayo de nuestra venganza pueda abrasar la hiedra, respetando el laurel.

—No sin antes oírme —replicó Illán—. Recuerde el buen Álvar Núñez sus viejas proezas de las Navas. Recordad vos, Garcerán Manrique vuestras heridas de Jerusalén y de Tolemaida. Valiente Blasco de Guzmán; tú, noble Beltrán de Rojas, y vosotros todos, adalides y caballeros, traed a la memoria vuestros hechos esclarecidos y decid si no teméis mancillar las espadas en empresa que ni aún se digan de puñales.

—¡Ved lo que decís! —exclamó Alvar Núñez—, el brazo de Dios guía a los cristianos contra la enemiga de su ley. El decoro de la reina mueve a los vasallos contra la rival que la ultraja; y, en fin, la promesa empeñada obliga a los caballeros a cumplirla. ¡Ved si hay alguno que se arrepienta!

—¡No, no! —gritaron todos.

Y reavivado a este nombre execrable el instinto de la venganza, la más florida nobleza de Castilla avanzó como tropa de malhechores sobre el dormido palacio turbando el sosegado misterio de sus soledades y arrasando las plantas olorosas de sus jardines encantados.

—Adelante, castellanos —tronó la voz de Álvar Núñez—. Adelante y dejad a ese mancebo que olvide con su juramento el limpio honor de los Illanes.

Esta envenenada saeta hirió en mitad del corazón a don Fernando.

¡Su honor! ¡El glorioso honor de los Illanes! ¡La honrada memoria de su padre! Frente a tan sagrados objetos nada era su propia vida; muy poco al respecto de la ajena, ni siquiera bastante el amor de su Constanza.

Con la ira en el semblante, la blasfemia en la boca y el puñal

El brazo de Dios guía a los cristianos contra la enemiga de su ley. El decoro de la reina mueve a los vasallos contra la rival que la ultraja; y, en fin, la promesa empeñada obliga a los caballeros a cumplirla.

en la mano, de un salto se puso a la cabeza de los revoltosos. Llegados ante la puerta y prontos a despedazarla, abrióse ella misma como por ensalmo y, seguida de su servidumbre, apareció Raquel en los umbrales... ¡Ay, que enamorada y mal dormida soñaba con la vuelta de su amante! Creyó tal vez que la llamaba, y a correr a su presencia se hallaba en presencia de la muerte...

En el primer momento su indiscutida majestad de siete años, indignada por tan brutal audacia, llevó a sus labios el dictado de «traidores», pero la fiera actitud de los verdugos y el siniestro centelleo de los puñales la hicieron sentir la tremenda realidad de su desamparo. Doblóse a la tribulación su cuerpo y la que por su hermosura fue reina mendigó como una esclava piedad para el delito de ser hermosa.

Hasta los más resueltos vacilaron. En aquella mujer suplicante y humillada veían el amor, el ídolo de su rey. Mezclada con su sangre vivía en ella la majestad de Alfonso...

Pero aquel instante de duda no hizo más que adelantar el crimen. El temor de faltar a su juramento precipitó el brazo de alguno y su ejemplo fue mandato para todos.

Corrió la sangre de Raquel por cien heridas; cubrióse de mortal palidez aquel semblante peregrino, resplandecieron en la postrera mirada aquellos ojos, encanto de un rey, tornándose marchitos los bermejos labios en que el amor reposaba y exhalaron con la vida el último suspiro para su Alfonso y la última súplica para sus verdugos.

—¡Alfonso, tu amor soy! ¡POR QUÉ MATAIS AL AMOR!

III

De nuevo imperó el silencio en la histórica mansión de Galiana.

El que fue poético retiro entregado blandamente al sueño habíase convertido en trágico dominio de la muerte. Amarilleando tristemente a la luz desmayada de la luna semejaba un cadáver abandonado e insepulto.

Después del bárbaro crimen, los implacables castellanos, unidos un momento por la venganza, habían sido dispersados por el remordimiento.

> **Con la ira en el semblante, la blasfemia en la boca y el puñal en la mano, de un salto se puso a la cabeza de los revoltosos.**

Más que ninguno, el joven Illán sentía henchirse su alma de horror y de vergüenza.

El recuerdo de su promesa y, aún más que esas palabras de Alvar Núñez encendiéndole en rabiosa ira, le habían hecho un instante olvidar toda compasión... ¡Y aquel instante solo le bastó para convertirse en asesino!

Mas cuando vio caer a la judía bajo los golpes de los puñales y miró teñida de sangre la blancura de aquel seno, santuario de amores, sintió horror de él mismo y huyó desesperado de aquel lugar maldito.

Pero había escuchado las últimas palabras de Raquel, y el recuerdo de aquellas palabras le daba miedo. Evocaba la figura gentil de su Constanza y parecíale que ella, toda piedad y dulzura, le reprendía su crimen abominable, y que sus ojos, graves y serenos, se apartaban de él con horror.

Y perseguido por aquella acusación terrible, vagaba miserable proscrito del amor a través de los campos desiertos.

Después de mucho tiempo de caminar sin rumbo, entre recuerdos abrumadores y presagios siniestros, la voz de su corazón llamando a sus sentidos extraviados, le advirtió el sitio en que se hallaba. Estaba dentro de Toledo y en frente de la casa de Constanza.

Era la última hora de la noche. La hora poética en que los más gustosos sueños de amores descienden a los lechos de las vírgenes y en que los amantes que por su dicha están juntos aguardan con ansioso temor el canto de la alondra, mensajera del día.

Bien sabía don Fernando que Constanza no le aguardaba. Pero movido de un sentimiento de in-

—¡Constanza, amor mío!

Una mano se posó en la suya, y una voz contestó a sus palabras. Pero el contacto glacial de aquella mano rígida heló la sangre de sus venas; el eco pavoroso de aquella voz doliente llenó su alma de supersticioso terror. Un rayo de luna rasgando las apiñadas nubes mostró tras de la reja una mujer, ¡pero aquella mujer no era Constanza!

¡Era Raquel! ¡Raquel envuelta en el blanco ropaje de los muertos!, mostrando aún sobre el seno de armiño las sangrientas heridas y demandando piedad con su última mirada, sublimada por la agonía.

finita ternura, avanzó a la reja, sediento de rendir el culto de sus suspiros ante el altar de su diosa; de reposar su frente abrasada sobre aquellos hierros benditos.

Con menos asombro que alegría vio la ventana abrirse sin ruido y percibió vagamente una silueta gallarda y vaporosa.

¡Era pues su Constanza que le aguardaba! Y desvanecidos a tan divina idea, pesares y remordimientos, tendió hacia ella los brazos, repitiendo con fervorosa adoración su nombre:

El terror más profundo trastornó los sentidos de don Fernando; latieron con horrible violencia sus sienes, y, al caer desplomado al suelo, todavía hirió sus oídos la penetrante amargura de aquella queja mansa y dolorida:

—¡Fernando! ¿POR QUÉ MATASTE AL AMOR?

NOVEDADES EDITORIALES

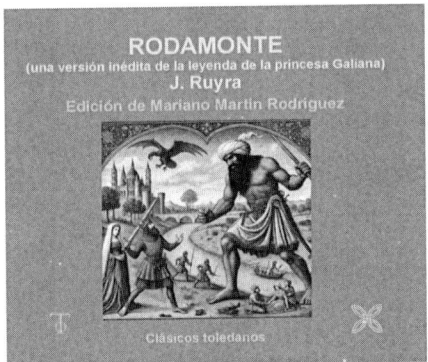

Título: **Rodamonte** (*editio princeps*).
Autor: Joaquim Ruyra.
Introducción: Mariano Martín Rodríguez.
P.V.P.: 5 euros.

Título: **Lo que aquellos locos contaron de nosotros**.
Autor: Miguel Larriba.
P.V.P.: 20 euros.

Título: **Luces en el Transparente**.
Autor: Alejandro Vega.
P.V.P.: 20 euros.

Título: **Nuevas leyendas toledanas**.
Autor: Vslle Vaquero.
P.V.P.: 20 euros.

BOLETÍN DE SUSCRIPCIÓN

Si está interesado en suscribirse a la revista **Cuatro calles**, por favor, rellene este formulario y háganoslo llegar por correo electrónico a ***info@editorial-ledoria.com*** o por correo postal a ***Editorial Ledoria, calle Fuente del Moro, 6, 45006, Toledo***

Nombre y apellidos / Entidad _____

Dirección _____

Código Postal _____

Localidad _____

Provincia _____

Correo electrónico _____

Teléfono _____

Deseo suscribirme a la revista **Cuatro calles** por un período de (marque con una **X** la opción elegida):

Suscripción 4 números por un total de 22 euros ☐

Números atrasados, 5 euros (indique cuáles) ☐ ☐ ☐

* Los gastos de envío están incluidos

El pago se realizará mediante ingreso o transferencia a la cuenta que le transmitiremos al recibir su solicitud o por Bizum.

En ningún caso se destinarán estos datos a otros fines que no sean los de recibir las publicaciones reseñadas, ni se entregarán a terceros, de acuerdo con los principios de protección de datos de la Ley Orgánica 15/1999 de 13 diciembre, de regulación del tratamiento automatizado de los datos de carácter personal.

Publicación del próximo número: A partir del 1 de junio de 2025